地図の見かた

「レールウェイマップル」は鉄道に関する多様な項目や、景観、食、温泉などの旅には欠かせない情報を、地図上に集約させた本格ガイドマップです。
鉄道旅行のプランニングやナビに活用できるさまざまな工夫を施しています。

詳細図
縮尺1:30,000〜

図番と縮尺
地図ページは見開きごとに番号を設け、右側にその地図の縮尺を表示しています。

隣接ページ
周囲（タテ・ヨコ・ナナメ）の地図の図番を表示しています。

索引符号
アルファベット（ヨコ）と数字（タテ）で分割。新得駅の索引表示は14 E-4になります。

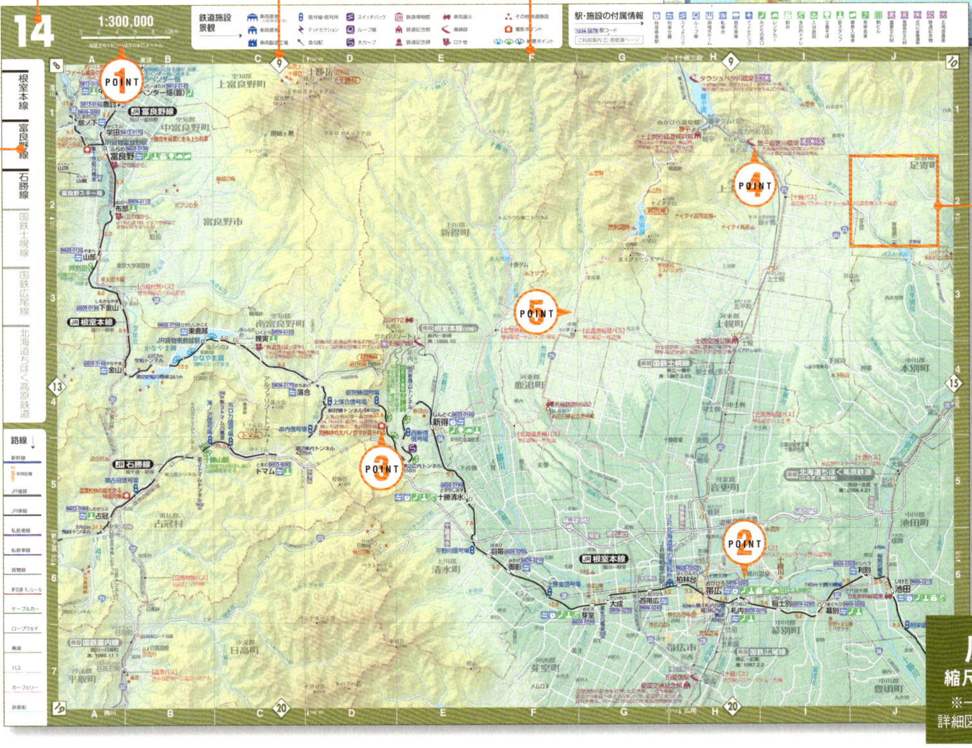

おもな掲載路線

1マスの1辺の長さが10km（広域図のみ）

広域図
縮尺1:300,000〜
※一部の広域図内に詳細図を収録しています。

POINT ❶
大きな縮尺

列車に乗りながら位置確認が楽しめる大きな縮尺（1/30万）をメッシュ方式でエリア全域を網羅。都市部などの過密地域はさらに大きな詳細図を収録しています。

POINT ❷
充実の路線・施設情報

新幹線、JR線、私鉄線など路線の種類、単線・複線の区別、トンネルや地下などの構造の違いなどをわかりやすく図示。また、駅などの鉄道施設には設備、サービス、選定物などの付属情報を表示しています。

路線の表示

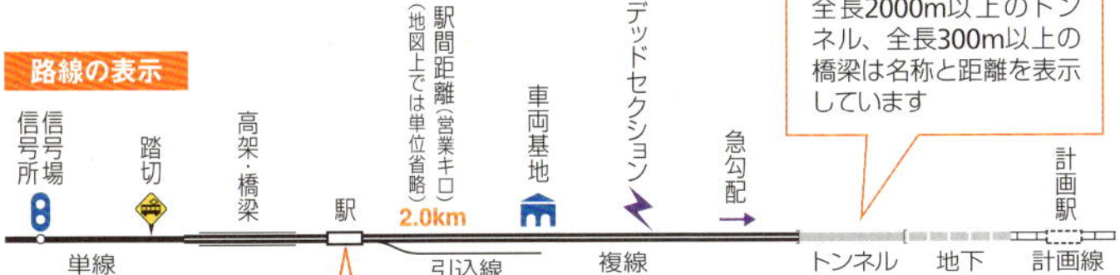

全長2000m以上のトンネル、全長300m以上の橋梁は名称と距離を表示しています

駅の表示

さっぽろ 札幌 9602-0005 ←駅コード（左ページ参照） JRタワー／サツエキ.jp／アピア／エスタ など
↑駅の付属情報

札幌駅は、スイッチバック、特急停車、駅スタンプ、駅弁などがあることを示します。

POINT ❸
景観と地形表現

車窓からの絶景を方角つきで表示、ならびに列車の撮影ポイントも掲載。また、地形の様子がわかるよう、標高別に色分け表示しています。

絶景ポイント ↑方向
撮影ポイント

POINT ❹
廃線と鉄道遺産

廃止になった路線※を地図上に再現するとともに、日本の近代化に寄与した数多くの遺構を掲載しています。

※対象となる路線は次のページに掲載

現存する線路跡
廃線
廃線駅

POINT ❺
その他の交通情報

バスや航路などの交通情報も掲載。鉄道路線がない観光地などへのアクセスにご利用ください。

バス
フェリー
旅客船

各路線・記号の解説は次のページ

地図記号一覧

鉄道情報を「路線」「施設」「付属情報」の3つに分類し、さらにそれぞれの項目を色や形で区別・記号化しています。項目のいくつかは、対象となる年月日や範囲を設けているものがありますのでご注意ください。

…地図記号に該当する施設などの特集記事が掲載されているページ

路線

高架・橋梁　駅　引込線　トンネル　地下　計画駅　計画線	**新幹線**
高架・橋梁　駅　単線　引込線　複線　トンネル　地下　計画駅　計画線	**JR在来線**
高架・橋梁　駅　単線　引込線　複線　トンネル　地下　計画駅　計画線	**民営鉄道線（普通鉄道）** ※以降の凡例ページでは「私鉄線」と表示
駅　地上（高架）　トンネル　計画駅　計画線	**新交通システム・モノレール**

	路面電車	
	ケーブルカー	
	ロープウェイ	
	カーフェリー	P09
	旅客船	P09
貨物駅	**貨物線**	鉄道路線のうち、旅客営業を行っていない貨物輸送専用路線。原則として工場への引込線など、鉄道事業会社以外の法人や個人所有の路線は非掲載
廃線駅	**廃線**	原則として、1984年4月1日以降に廃止された鉄道路線を掲載。工場への引込線など、鉄道事業会社以外の法人や個人所有の路線、ならびに現役路線の旧線や廃止駅は一部を除いて非掲載。路線名・駅名は廃止時点の名称。ただし、路線廃止に先行して廃止された駅のうち、1984年4月1日時点で営業中だった駅は、［○○］として掲載。 廃止駅に付いている略号は、（臨）＝臨時駅　（貨）＝貨物駅　（仮）＝仮乗降場　（停）＝停留場　P04 P05 P18 P19
	バス	原則として、鉄道駅やバスターミナルと観光地を結ぶ観光路線、廃線の代替バス路線のうち、「JR時刻表」に掲載されている一般路線バスを中心に掲載。市内・町内路線や都市間路線などの生活路線バスや、高速バスは非掲載。（広域図のみ掲載）

路線［地下鉄］

地下　地上	**札幌市営地下鉄東西線**
	札幌市営地下鉄南北線
	札幌市営地下鉄東豊線

地形表現

海岸や河川に沿って縫うように走り、標高差をループや曲線によって克服してきた日本の鉄道の路線。その起伏に富んだ地形を、標高別で色彩表現しています。また、日本全域をカバーする広域図と、平野部に密集する詳細図では、標高値による色彩の設定を変えています。

※一部の標高の高い地域の詳細図では、広域図の標高値を設定しています。

●広域図	0m	200m	400m	600m	1000m	1400m	2000m	2600m～

●詳細図	0m	10m	20m	40m	80m	160m	300m	600m	1000m	1600m～

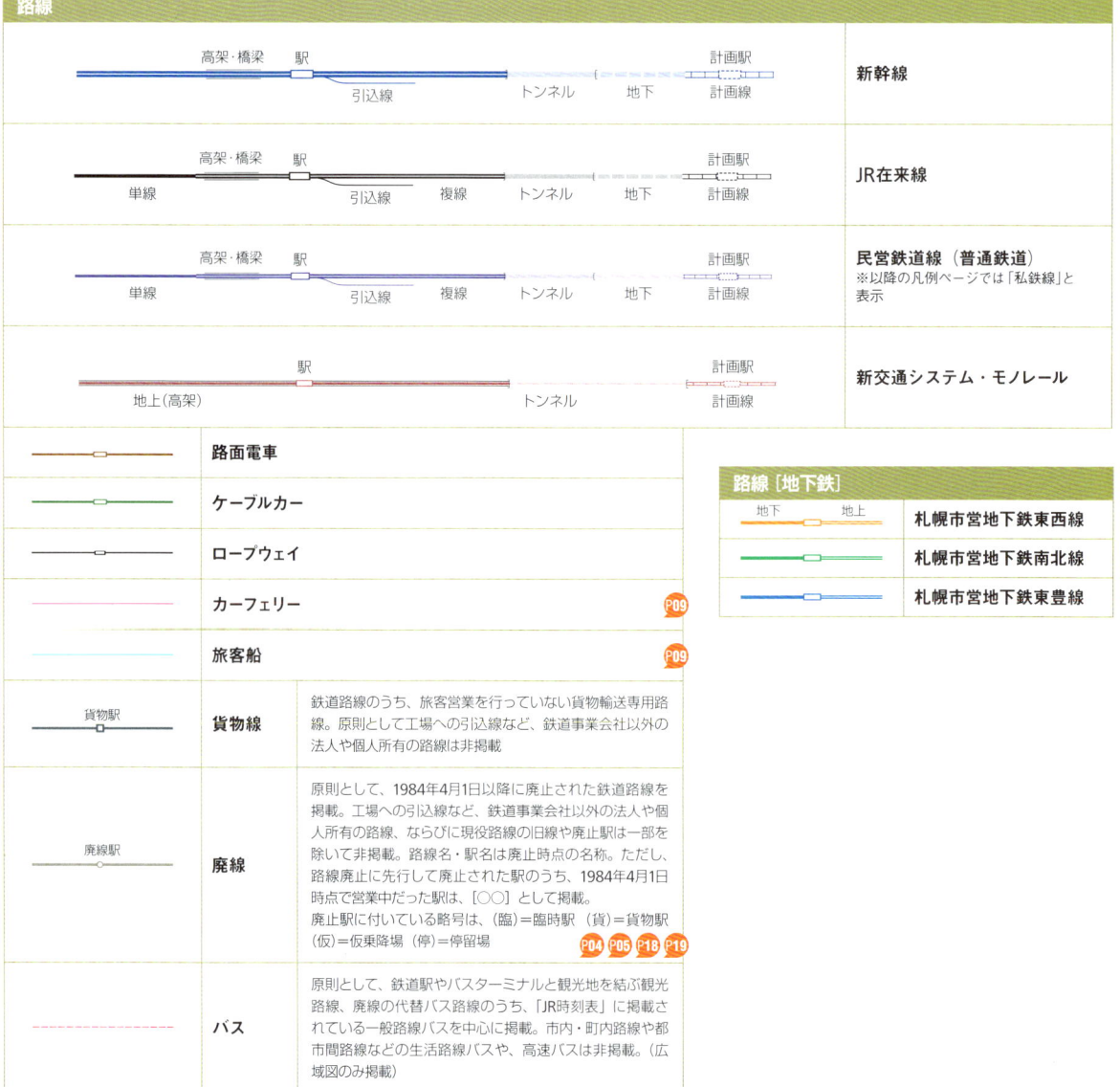

施設

車両基地・車両工場ほか	車両基地	車両基地とは列車の車庫や整備場などの機能をもつ鉄道施設で、すべての現役車両はいずれかの車両基地に配置されている。機能や配置されている車種などによって、車両センター、車両所、車両工場、運転所など、さまざまな呼び名が使われている	P12
	車両基地（全般検査可能）	鉄道車両は法に定められたサイクルで点検・整備が行われているが、もっとも大がかりな全般検査（オーバーホール）を行うことのできる車両基地	P12
	車両製造工場	鉄道車両メーカーの製造工場	P12
	信号場・信号所	単線区間での列車の入れ替えや待ち合わせ、路線の分岐点などに設けられた施設・設備。JRでは「信号場」、民鉄では「信号場」または「信号所」と呼ばれている	P13
路線情報	デッドセクション	電化区間のうち、直流と交流、直流同士・交流同士の異電圧など、異なる電気方式区間が接する境界に設けられた電気の流れていない区間	
	急勾配	原則として隣接する駅間で平均25‰（‰［パーミル］は勾配の単位で、1000m進んで上下する高低差を表す）以上、ワンポイントで33‰を超える勾配の区間を掲載	
	スイッチバック	山や峠などの急勾配を緩和する工夫のひとつ。急斜面に線路をジグザグに敷設し、列車の進行方向を変えながら急斜面を上るためのもの。また、平地でも途中駅や信号場などで、列車の進行方向が変わる場合も含まれる	
	ループ線	180°以上のカーブを回りながら徐々に高度を上げて（あるいは下げて）、山や峠などの高低差を克服する工夫の一つ	
	大カーブ	谷あいなどに沿って大きくカーブを描きながら線路を敷設し、徐々に高度を上げて（あるいは下げて）、山や峠などの高低差を克服する工夫の一つ	P15 P16 P17
	踏切	踏切のある地点（縮尺1:40,000以上の地図に掲載）	
公開施設・跡地ほか	鉄道博物館	鉄道をテーマにした博物館、および鉄道関連の展示コーナーを有する博物館	P06 P07
	鉄道記念館	特定の鉄道路線や駅など資料やゆかりの品々を保存・展示する施設。廃止駅の旧駅舎や駅跡に建設されたものが多い	P04 P05 P06 P07
	鉄道記念碑	鉄道関連の記念碑、顕彰碑	P06 P07
	車両展示	かつて全国の鉄道で活躍した車両を保存・展示している場所。保存車両のうち、現在も運転可能な車両は動態保存、それ以外を静態保存という。表記は現役時代の車両番号（例えばD51200なら、D51形蒸気機関車200号機のこと）、または車種	P04 P05 P06 P07 P18 P19
	廃線跡	廃線や廃止駅の遺構が顕著に残っている場所。旧駅舎や駅跡、橋梁跡、トンネル跡、線路跡など、文化財などの指定を受けている物件や見つけやすい物件を中心に掲載	P04 P05 P18 P19
	ロケ地	映画やTVドラマに登場した駅や鉄道施設、および撮影が行われたスポット。表記は作品名と簡単な説明	P08
	その他鉄道施設	上記以外の特記すべき鉄道施設。現役の駅や車両基地内に残る旧鉄道施設なども含む	
景観・撮影	絶景ポイント［山岳・高原・平原ほか］	車窓から大自然の美しい風景を眺めることのできるポイント。扇形の開いている方向に、山や高原などの雄大な風景が広がる	
	絶景ポイント［海・河川・湖沼ほか］	車窓から海や川、湖などの眺めを楽しむことができるポイント。席の移動や指定席を選ぶ手助けに活用してほしい	
	絶景ポイント［都市・街並み・建造物ほか］	車窓から有名な建造物や街並みなどを見られるポイント。数秒で通り過ぎてしまう場合も多いので、一瞬のチャンスを逃すことがないように	
	撮影ポイント	プロ鉄道写真家の結解学氏が教えてくれた、絵になる鉄道写真が撮れる有名&穴場ポイント。ただし、車両のみの撮影好適地は含まず	

駅・施設の付属情報

情報・施設関連	特急停車駅	通常運行の特急列車が停車する駅。特急料金を徴収しない私鉄特急の停車駅も含む	
	列車交換可能駅	単線区間の駅において列車の行き違いが可能な駅。2線以上の線路を有する駅	
	スイッチバック	構内にスイッチバック施設がある駅	
	ループ線	構内にループ線施設がある駅	
	頭端式ホーム	始発・終着駅のなかで、頭端（行き止まり）の車止めがあるホームを有する駅	P08
	転車台	構内に転車台がある駅や施設。転車台とは、蒸気機関車の方向を転換させるためのターンテーブルのこと	
	扇形車庫	構内に扇形車庫がある駅や施設。扇形車庫とは、転車台を要（かなめ）に扇形の形状をしている機関車の車庫で、扇形車庫、扇形機関庫、扇形庫とも呼ばれる	
	デッドセクション	構内にデッドセクションがある駅	
サービス関連	みどりの窓口	JRの指定券をはじめ、乗車券や特急券などを販売・発券する窓口。MARSシステムによりオンライン化されている。旅行代理店業務などを行う大規模なものもある	
	レンタカー	JRの駅レンタカーなど、構内にレンタカーのサービス窓口がある駅	
	駅弁	構内で駅弁業者が調整した「駅弁」を販売している駅。イベント時などに臨時販売される弁当は含まない	P11
	多目的トイレ	構内に多目的トイレを設置している駅	
	入浴施設・足湯	構内または駅の関連施設などに入浴施設、温泉施設、足湯などを設置している駅	
	立食そば	構内に立食いそばやうどん、きしめんなどの店舗・スタンドがある駅	
	駅スタンプ	来駅記念スタンプを設置している駅。駅スタンプは、発券窓口や改札口のそばに設置されている場合が多い	P10
	硬券入場券	硬券入場券を販売している駅	
	発車音楽	列車の発車を知らせる告知音として、著名曲をベースにしたオリジナルメロディを採用している駅。表記は発車メロディの原曲	
	駅ビル	構内に大型商業施設を有する駅、駅所有地内に駅舎に隣接して立つ商業ビル。注記はその名称	
選定関連	重要文化財	国の重要文化財に指定されている鉄道関連施設、旧鉄道施設の遺構、車両	P06 P07
	登録有形文化財	国の登録有形文化財として認定されている鉄道関連施設、旧鉄道施設の遺構	P04 P05 P18 P19
	近代化産業遺産	経済産業省が制定した「近代化産業遺産群」に選定されている関連遺産のうち、鉄道関連の不動産および動産	
	鉄道記念物	日本の鉄道史上の重要な事物を保存・継承していくことを目的に、旧国鉄（国鉄の分割民営化後は、JR西日本が追加指定したことがある）が定めた制度。鉄道記念物と準鉄道記念物がある	P06 P07
	北海道遺産	北海道版の“世界遺産”で、文化遺産や自然遺産、無形遺産などがあり、鉄道関連遺産は5件選出されている	

◆地図に掲載されている鉄道情報は、2009年8月～11月までに調査・取材をした内容をもとに編集、その他の地図情報については2010年1月までに収集した情報に基づいて編集しております。細心の注意を払って掲載しておりますが、膨大かつ変化が激しい情報のため、現在の現地情報と本書との相違につきましてはなにとぞご了承ください。また、本書利用により事故、損害、トラブル等が生じても当社では責任を負いかねますのでご容赦のほど重ねてお願いいたします。

鉄道遺産

近代国家の栄枯盛衰を見る

**かつては、石炭産業と樺太（サハリン）への道として栄えた北海道。
近代国家への脱皮を図ろうとした明治期の日本にとって、
大きなエネルギー源ともなっていたが、
昭和期に入ると、そのことごとくが衰退したことから、
近代国家の栄枯盛衰を鉄道遺産にも見ることができる。**

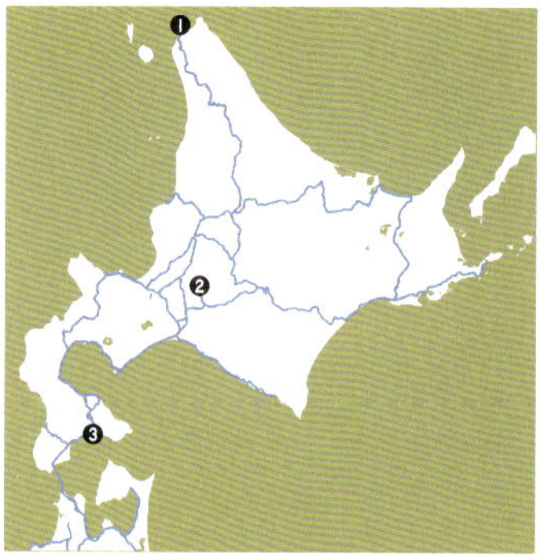

夕張に残る最後の運炭鉄道

明治期の日本にとって、石炭の供給は急務の課題だった。そのため、北海道では炭鉱開発が盛んとなり、1880（明治13）年には官営幌内鉄道が日本で3番目の鉄道として開業している。以後、北海道各地に運炭鉄道が発達し、太平洋戦争後のエネルギー転換により石炭産業はことごとく衰退し、北海道内の運炭鉄道は次々と消滅。旅客営業も行う民鉄では、1987（昭和62）年に廃止された三菱石炭鉱業が最後となったが、そのはっきりとした遺構が現在も旧・南大夕張駅に残されている。

また、北海道は、南樺太への道としても重要視され、かつては稚泊航路が開設されていた。その遺構ともいえる稚内港北防波堤ドームが、現在もその威容を守っている。

（写真上左）旧・士幌線に残る「めがね橋」のようなタウシュベツ川橋梁。同線のほかのコンクリートアーチ橋梁とともに北海道遺産に認定されている。（写真上右）旧室蘭駅。1897（明治30）年に竣工し、札幌の時計台と同じ寄せ棟造りとなっている。（写真下左）1970（昭和45）年まで斜里（現・知床斜里）と越川を結んでいた根北線の未開通区間に残る越川橋梁。戦前のコンクリート技術を伝える貴重な遺構。（写真下右）旧・南大夕張駅に残るスハニ6の車内。同車は私鉄の客車では珍しい3軸ボギー車だった。

◆北海道のおもな鉄道遺産

C62 3	JR北海道苗穂工場	MAP⇒26 E-2
旧三井芦別鉄道炭山川橋梁	芦別市	MAP⇒8 H-6
小樽駅	小樽市	MAP⇒17 A-2
旧手宮鉄道施設	小樽市	MAP⇒17 A-1
旧手宮駅、機関車庫	小樽市総合博物館	MAP⇒17 A-1
札幌市電D1041号	札幌市交通資料館	MAP⇒26 D-6
旧国鉄根北線越川橋梁	斜里町	MAP⇒11 D-2
王子製紙専用鉄道山線鉄橋	千歳市支笏湖畔	――
鶴居村営軌道自走客車	鶴居村ふるさと情報館	――
旧国鉄士幌線タウシュベツ川橋梁	糠平町	MAP⇒9 H-6
函館市電530号	函館市	MAP⇒27 G-3
別海村営軌道跡	別海町	――
旧JR標津線奥行臼駅跡	別海町	MAP⇒16 G-2
馬車鉄道	北海道開拓の村	MAP⇒13 B-5
旧札幌停車場	北海道開拓の村	MAP⇒13 B-5
雨宮21号（蒸気機関車）	丸瀬布森林公園いこいの森	MAP⇒5 I-7
S-304号（蒸気機関車）	三笠鉄道村	MAP⇒13 F-3
旧室蘭駅	室蘭市	MAP⇒18 G-7
摩周丸	青函連絡船摩周丸記念館	MAP⇒27 C-4
旧夕張鉄道ナハニフ151号	石炭の歴史村SL館	MAP⇒13 F-5

1 稚内港北防波堤ドーム

［北海道稚内市］

MAP 1 C-2

古代ローマを思わせる樺太への入口

戦前、稚内と樺太（サハリン）の大泊（現・コルサコフ）との間には鉄道連絡船として稚泊航路が開設されていたが、この稚内港北防波堤ドームはその時代を知る貴重な遺構だ。全長424m、高さ14mにもおよぶこのドームは、1936（昭和11）年に竣工。70本もの支柱で支えられているその威容は、古代ローマを思わせる日本離れしたものだ。かつてはここに列車が横付けされ、ドーム内に開設された稚内桟橋駅（現・廃止）まで連絡船へ乗り継ぐ客を運んでいた。1945（昭和20）年8月24日、稚泊航路は休航（事実上の廃止）となったが、その後の保存運動によりドームは残され、2001（平成13）年には北海道遺産に認定された。

全長424mの半アーチ状ドーム。中ほどには稚泊航路の記念碑も置かれている。

2 旧・南大夕張駅

［北海道夕張市］

MAP 13 G-5

運炭鉄道を偲ぶ随一のスポット

日本が石炭産業で栄えていた時代、夕張市には幾多の運炭鉄道が存在していたが、私鉄の運炭鉄道として最後まで残っていたのが、1987（昭和62）年7月22日に廃止された三菱石炭鉱業清水沢～南大夕張間だった。終点だった旧・南大夕張駅は、現在、有志による熱心な保存活動により良好に保存されており、屋根が破損するほど荒廃していた客車も見事に修復された。

3 函館市電操車塔

［北海道函館市］

MAP 27 C-5

キノコ状に伸びる市電の道案内

異国情緒漂う街・函館にマッチする足として人気の高い函館市電。現在は、谷地頭、函館どっく前～十字街～湯の川を結ぶ2系統計10km余りが残っているだけだが、全盛期は、大森線や宮前線、東雲線、五稜郭駅前へ至る本線などを含めて17km余りの路線網を誇っていた。現在、交差点で線路が分かれる分岐点は今や十字街のみとなっているが、かつては函館駅前や松風町、五稜郭公園前などにも分岐点があり、電車が来るごとにポイントを切り換えていた。その名残がこのキノコ状の操車塔だ。ここでは係員が常駐して信号現示の遠隔制御も行っており、1969（昭和44）年頃には6基が存在していたが、その後の自動化により次々に姿を消した。この十字街に残る操車塔が最後のものとなり、1995（平成7）年6月まで使用されていたという。現在は全盛期の市電を偲ぶモニュメントとしてよいアクセントとなっている。

博物館・記念館

広いスペースに北海道ゆかりの鉄道車両を保存

**北海道の鉄道博物館は、その多くがゆったりとしたスペースに、
北海道で働いた車両あるいは連絡船を保存している。
本州以南で働いた車両とは少し異なる出立ちは、
冬の厳しい寒さに備えたもの。
それら車両の現役時に思いを馳せ、北海道の鉄道の歩みを偲んでみよう。**

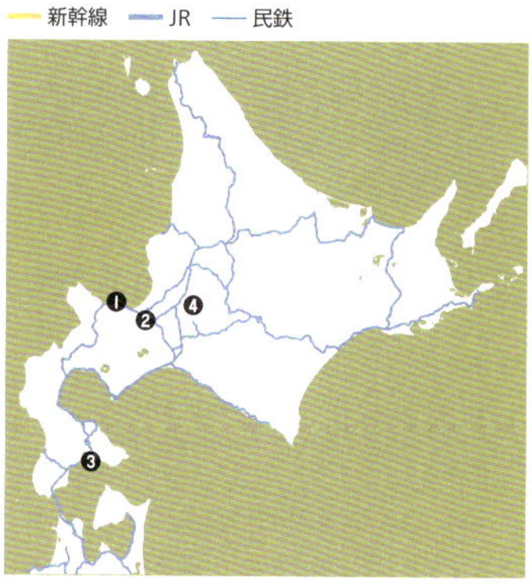

個性ある北海道鉄道史

北海道の鉄道の歴史は、明治時代に石炭輸送を主目的として手宮～幌内間に、官設・幌内鉄道が建設されたことで始まった。本州の鉄道がイギリスの指導によって建設されたのとは異なり、北海道の鉄道はアメリカの指導によって建設され、車両もアメリカから輸入された。それは未開の大地を切り拓くノウハウをアメリカに求めたための選択であったのだろうが、そのために北海道の鉄道の歴史は、本州以南とは少し異なった形でスタートを切ったのである。

北海道にある鉄道博物館、記念館には、この時代の記録も多く残されており、北海道開拓に尽力した人々の想いをうかがうことができる。

小樽市総合博物館に静態保存されている機関車「しづか号」も、カウキャッチャーを備えた、アメリカの古典蒸気機関車のスタイルをそのまま継承したものだ。広大な大地と冬の厳しい寒さがあったこと。北海道の鉄道の歩みには、この二つが色濃く影を落としている。

（写真上左）青函連絡船記念館摩周丸は、摩周丸の船体がそのままパビリオンに利用されている。（写真上右）7100型「しづか号」など、北海道にゆかりの車両が数多く保存されている小樽市総合博物館。（写真下左）石炭の歴史村では、北海道開発の歴史と石炭の関わりを学ぶことができる。（写真下右）札幌市交通資料館には、札幌の路面電車の隆盛期に活躍した車両が、今も大切に保存されている。

◆北海道のおもな記念館・博物館

小樽市総合博物館	MAP→17 A-1
三笠鉄道記念館	MAP→13 F-3
札幌市交通資料館	MAP→26 D-6
青函連絡船記念館摩周丸	MAP→27 C-4
北海道鉄道技術館	MAP→26 E-3
北海道開拓の村	MAP→13 B-5
天北線メモリアルパーク	MAP→1 H-7
美幸線記念館	MAP→2 I-6
網走市鉄道記念館	MAP→6 G-6
幸福駅鉄道公園	MAP→20 H-2
愛国交通記念館	MAP→20 H-1
旧JR深名線資料室	MAP→4 H-6
佐呂間町交通公園	MAP→6 D-6
白糠線記念館	MAP→15 G-6
幌似鉄道記念公園	MAP→12 D-5
定山渓郷土博物館	MAP→12 H-6
振内鉄道記念館	MAP→19 I-2
上渚滑町鉄道資料館	MAP→5 H-3
北見滝ノ上駅舎記念館	MAP→5 G-4
相生鉄道公園	MAP→10 F-5
上士幌町鉄道資料館	MAP→14 H-1
万字線鉄道資料館	MAP→13 F-3
広尾町鉄道記念館	MAP→22 I-1
北海道開拓記念館	MAP→13 B-5
福島町青函トンネル記念館	MAP→25 C-5
湧別町計呂地交通公園	MAP→6 D-5
安平町鉄道資料館	MAP→13 E-7

1 小樽市総合博物館

[北海道小樽市]

MAP 17 A-1

☎0134-33-2523 営9:30～17:00 休火曜（祝日の場合は翌日休館） ¥大人 夏期400円 冬期300円 所北海道小樽市手宮1-3-6 交JR小樽駅から北海道中央バス高島3丁目行き「総合博物館」下車すぐ

「しづか号」も静態保存される北海道を代表する博物館

北海道の鉄道の発祥の地である小樽市手宮に建てられた鉄道博物館。それまで小樽交通記念館と称していたものを2007（平成19）年にリニューアルし、より総合的な博物館へと生まれ変わったが、現在でも鉄道関連の展示は充実している。各種展示物はもちろんのこと、北海道にゆかりのものが多く、エントランスに展示されている「しづか号」は明治の鉄道創業期に北海道で働いた機関車で、準鉄道記念物。屋外に並ぶ2つの扇形機関車庫、転車台などは「旧手宮鉄道施設」として、国の重要文化財に指定されている。他にも7150型機関車「大勝号」（準鉄道記念物）や、やはり明治期に活躍した「い1号」客車など、本館だけが保存している史料は多い。屋外には、アメリカ製蒸機「アイアンホース号」の動態保存や数多くの国鉄型車両の静態保存が行われ、テーマパークに似た楽しい雰囲気に満ちている。

屋内外には北海道に由来の幾多の鉄道車両が保存されている。

2 札幌市交通資料館

[北海道札幌市]

MAP 26 D-6

数々の路面電車を展示

かつては総延長25kmの路線を有していた札幌の路面電車。そこで働いた車両16両を保存している。このうちの2両は全国でも珍しい、路面を走る気動車として製作された車両。札幌市営地下鉄の試作車も保存されている。

☎011-251-0822（札幌市交通事業振興公社） 営10:00～16:00 休5～9月の日曜・祝日、第2・第4土曜と、小学校の夏休み期間に開館。それ以外の日は休館 ¥無料 所北海道札幌市南区真駒内東町1 交札幌市営地下鉄南北線自衛隊前駅下車徒歩3分

3 青函連絡船記念館摩周丸

[北海道函館市]

MAP 27 C-4

摩周丸がパビリオンに

1988（昭和63）年に青函トンネルが開業されるまで、本州と北海道の連絡運輸に活躍した青函連絡船摩周丸の船体を、記念館とした施設。船内は現役時の姿がそのまま保存されている。

☎0138-27-2500 営8:30～18:00（4月～10月）9：00～17：00（11月～3月） 休年中無休 ¥大人500円 所北海道函館市若松町12番地先 交JR函館駅から徒歩4分

4 三笠鉄道記念館

[北海道三笠市]

MAP 13 F-3

旧・幌内駅の跡地に作られた鉄道記念館

石炭輸送のために作られた北海道最初の鉄道、官設・幌内鉄道の終着駅、旧・幌内駅の跡地に作られた記念館。屋外には北海道にゆかりの車両を静態保存。館内には石炭輸送の歴史を語る歴史的史料や、北海道の鉄道開業の時代を紹介する史料を展示している。2kmほど離れた三笠駅跡にも保存車両があり、鉄道健在の時代を偲ぶことができる。

☎01267-3-1123 営9：00～17:00 休月曜（祝日の場合は翌日）、10月16日～4月15日 ¥大人520円 所北海道三笠市幌内町2-287 交JR岩見沢駅から中央バス岩見沢ターミナル・幾春別行き「三笠市民会館」で下車し、三笠市営バス幌内線に乗り換え「三笠鉄道記念館」下車すぐ

終着駅

最果ての風情が味わえる北国の終点駅

国鉄時代、北海道には幹線から分かれた支線が延びていた。これらの大部分は閑散路線で、1日に数往復しか到着しない終着駅も少なくなかった。昭和50年代からの国鉄改革でこれらの枝線の多くは廃止され、終着駅の数は少なくなったが、北海道には最北端駅がある。最果ての旅情を味わうなら、北海道の終着駅がふさわしい。

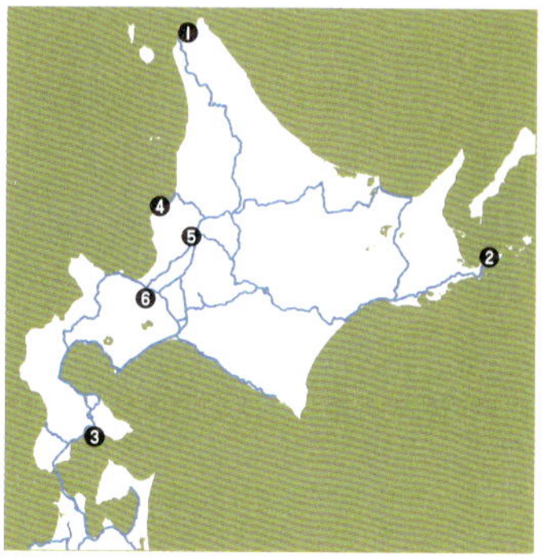

1 稚内駅

[宗谷本線]

MAP 1 C-2

名実共に北の最果ての駅

所在する緯度で、北緯44度25分は日本の鉄道の駅で最も北にある。島式ホーム1面2線だが、片側の線路が取り外されたので実質は1面1線である。利尻島・礼文島へのフェリー乗り場は駅から徒歩約10分。

2 根室駅

[根室本線]

MAP 16 J-2

納沙布岬への玄関口

根室半島の中ほどに位置する、漁業が盛んな町の玄関駅である。ホームは1面1線で、すぐとなりに平屋の駅舎がある。北方領土が間近に望める納沙布岬までは、駅前に発着するバスで約35分。

3 函館駅

[函館本線]

MAP 27 D-4

新しい駅舎になった海峡の駅

1988（昭和63）年の青函連絡船廃止までは北海道の玄関で、今も道南の中心駅。札幌とむすぶ特急など多くの列車が発着する。改札口から櫛形の4面8線のホームへは段差がない。駅前からは市電が発着している。

4 増毛（ましけ）駅

[留萌本線]

MAP 8 C-2

映画にも登場した終着駅

暑寒別岳の麓に位置する1面1線の無人駅である。「ぞうもう」とも読める駅名にあやかった記念入場券を同線留萌駅で発売している。駅と周辺の町が映画「駅STATION」の舞台で、駅前に歴史的建物群がある。

5 新十津川駅

[札沼線]

MAP 8 E-5

列車が1日3本のみの駅

札沼線は留萌本線石狩沼田駅まで延びていたが、1972（昭和47）年に新十津川駅との間が廃止となった。1面1線のホームを持つ。石狩川を挟んで函館本線滝川駅と近く、新十津川役場前バス停からバスでアクセス可。

6 真駒内駅

[札幌市営地下鉄南北線]

MAP 26 D-6

オリンピック会場への駅

1971（昭和46）年に初めて札幌に地下鉄ができた頃からの終着駅で、地下鉄路線ながら高架駅である。島式1面2線を持ち、1999（平成11）年に大規模な駅改良工事を終えた。札幌オリンピックのメイン会場が近い。

◆北海道の終着駅一覧（左から駅名／路線名／座標軸）

稚内	JR北海道宗谷本線	MAP→1 C-2
増毛	JR北海道留萌本線	MAP→8 C-2
根室	JR北海道根室本線	MAP→16 J-2
新十津川	JR北海道札沼線	MAP→8 E-5
夕張	JR北海道石勝線	MAP→13 F-5
様似	JR北海道日高本線	MAP→22 F-3
室蘭	JR北海道室蘭本線	MAP→18 G-7
江差	JR北海道江差線	MAP→25 B-1
函館	JR北海道函館本線	MAP→27 D-4
新千歳空港	JR北海道千歳線	MAP→19 D-2
麻生	札幌市営地下鉄南北線	MAP→26 D-1

真駒内	札幌市営地下鉄南北線	MAP→26 D-6
宮の沢	札幌市営地下鉄東西線	MAP→26 A-2
新さっぽろ	札幌市営地下鉄東西線	MAP→26 H-4
栄町	札幌市営地下鉄東豊線	MAP→26 E-1
福住	札幌市営地下鉄東豊線	MAP→26 F-5
西4丁目	札幌市電	MAP→26 D-3
すすきの	札幌市電	MAP→26 D-3
函館どつく前	函館市電	MAP→27 B-4
谷地頭	函館市電	MAP→27 C-6
湯の川	函館市電	MAP→27 H-3

鉄道連絡船

かつては北海道開発に貢献した連絡航路

海や湖によって隔てられた両岸の駅を結ぶ航路で、鉄道会社が運営しているものが多い。いずれも鉄道とダイヤで連絡し一体的な輸送を行っている。
青森～函館間の青函連絡船は、最も有名な日本の鉄道連絡船で
廃止後も鉄道連絡船の代表格として語られることが多い。
また、北海道には戦前に稚内と樺太（サハリン）と連絡した稚泊航路もあった。

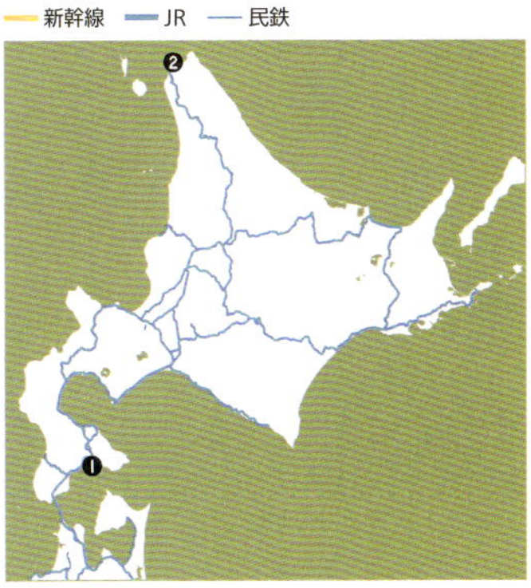

1 青函航路

[青森～函館間]

MAP 27 C-4

日本を代表した連絡船

青函連絡船は1908（明治41）年に始まった青森駅と函館駅を結ぶ鉄道連絡船で、営業キロは113.0km。青森駅に発着する特急・夜行列車と、函館に発着する特急・急行・夜行列車は、青函連絡船に接続するダイヤを組んで、青森と函館が深夜帯にさしかかることもあったが、利用者は多かった。船内にレールが敷かれ、車両（主に貨車）も同時に航走し、本州～北海道間の物流の主役を担っていた。青函航路は1970年代が最盛期で、貨物専用船も含め1日に30往復も航行していた。しかし、航空の発達や民間フェリーの整備などにより客貨ともに需要が減少し、1988（昭和63）年の青函トンネル開業により、鉄道連絡船としての青函航路はその使命を終えた。

（写真上）船尾にある車両甲板。（写真下）JNRマークが懐かしい国鉄時代の姿。

2 稚泊航路

[稚内～大泊間]

MAP 1 C-2

今はなき樺太への航路

稚内と当時日本の施政下にあった樺太の大泊（現・コルサコフ）を約8時間で結んだ。1923（大正12）年に始まり、ソ連が侵攻した1945（昭和20）年まで運航された。営業キロは約210km。砕氷船を使用した。

column

青函連絡船廃止後も味わえた船内グリルの「海峡ラーメン」

青函連絡船廃止後も、函館駅前ツインタワービル内の「ラーメン海峡」で船内グリルの名物「海峡ラーメン」を食べることができた。しかし、2008（平成20）年12月に、残念ながら閉店した。

駅スタンプ

可愛いラッコや変形スタンプなど バラエティ豊かなスタンプが勢ぞろい！

JRは国鉄時代の「わたしの旅スタンプ」に加え、二重丸型の北海道独自形式のスタンプも多く設置されている。北海道らしく自然をデザインしたスタンプが多いのが特徴。JR以外では札幌市営地下鉄の全線全駅にスタンプがある。

新幹線　JR　民鉄

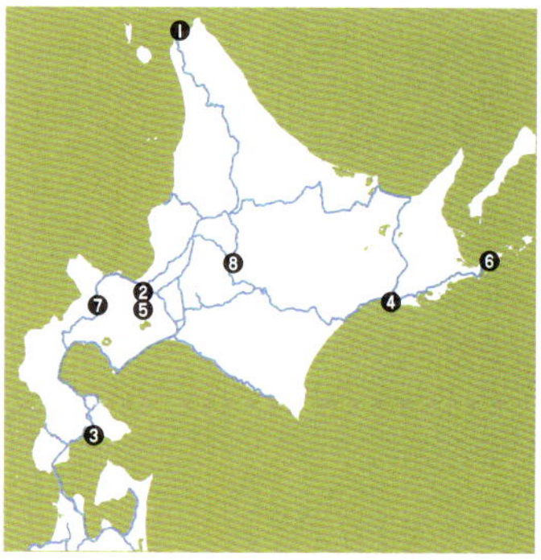

1 稚内駅
[宗谷本線]
MAP 1 C-2

日本最北端の駅スタンプ
日本最北端の宗谷岬へはバスを乗り継いで行く。岬からサハリンの島影を肉眼で見ると最果ての地まで来たことを実感できる。

2 札幌駅
[函館本線]
MAP 26 D-3

札幌のシンボル時計台
北海道道庁赤レンガと並ぶ札幌の観光名所。時計台へは駅から徒歩で10分ほど歩くことになるが、鐘の音は一度聞いておきたい。

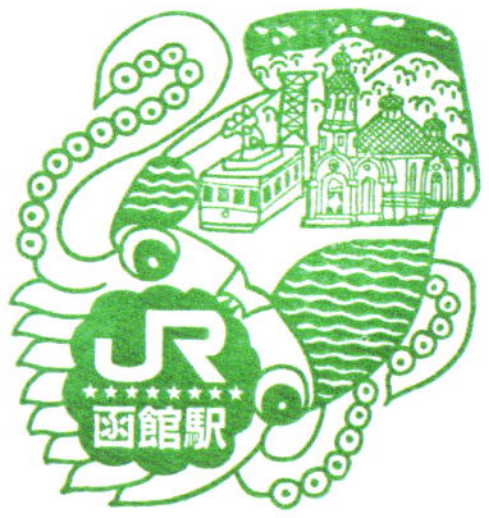

3 函館駅
[函館本線]
MAP 27 D-4

函館名物いかと教会
函館といえば新鮮なイカが有名。そのイカを輪郭に教会と函館山のロープウェイをデザイン。一目で函館らしさを感じるデザインだ。

4 釧路駅
[根室本線]
MAP 15 I-5

ラッコのくうちゃん
野生のラッコが釧路川に現れると多くの見物客が押し寄せ一躍釧路の人気者に。かわいいデザインを見ると旅の疲れも癒される。

5 大通駅
[札幌市営地下鉄南北線]
MAP 26 D-3

時計台と大通公園
乗り入れる路線別にスタンプがあり、南北線は時計台と大通公園をデザイン。路線ごとにスタンプがあるのは全国的にも珍しい。

6 東根室駅
[根室本線]
MAP 16 H-7

日本最東端に位置する駅
ホーム1面の無人駅だが、日本最東端にある駅だ。ホームに建つ最東端の碑が誇らしげ。スタンプは隣の根室駅が管理している。

7 倶知安駅
[函館本線]
MAP 12 E-6

日本百名山の一つ羊蹄山
別名・蝦夷富士と呼ばれる羊蹄山と白樺が描かれる。スタンプに駅名が入ってないのは地元観光協会が寄贈製作したためだ。

8 富良野駅
[根室本線]
MAP 8 J-7

北海道のへそとスキー
北海道の真ん中に位置する富良野のへそ祭りは毎年7月開催。ドラマ「北の国から」の舞台として、スキー、ラベンダーでも有名だ。

◆北海道のおもな駅スタンプ (左から駅名　ジャンル　地図ページ索引符号)

大沼公園	自然	MAP⇒24 D-5
森	自然	MAP⇒24 C-4
長万部	味覚・自然	MAP⇒18 B-5
ニセコ	スポーツ	MAP⇒18 D-2
小樽	歴史	MAP⇒17 A-2
岩見沢	動植物	MAP⇒13 E-3
滝川	動植物	MAP⇒8 F-5
旭川	自然	MAP⇒6 H-2
洞爺	自然	MAP⇒18 E-5
室蘭	建造物・動植物	MAP⇒18 G-7
登別	温泉	MAP⇒18 H-6
苫小牧	動植物	MAP⇒19 C-4
静内	自然	MAP⇒19 I-7
様似	動植物	MAP⇒22 F-3
留萌	自然	MAP⇒8 D-1
新得	自然	MAP⇒14 E-4
帯広	自然・温泉	MAP⇒14 H-6
池田	名産品	MAP⇒14 J-6
厚岸	名産品・動植物	MAP⇒16 D-5
根室	自然	MAP⇒16 J-2
美瑛	自然	MAP⇒9 B-5
名寄	自然	MAP⇒5 B-2
上川	自然	MAP⇒9 D-2
遠軽	自然	MAP⇒6 B-5
北見	動植物	MAP⇒10 E-2
網走	自然	MAP⇒6 H-6
摩周	自然	MAP⇒10 J-6
知床斜里	自然	MAP⇒11 C-1

駅弁

駅弁大会やデパートの催事で手に入る駅弁も いつかは北の大地で食べてみたい

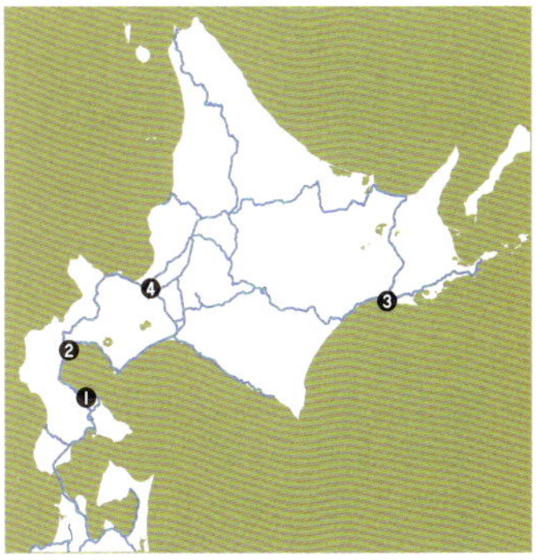

駅弁を目当てに北海道のローカル線の旅をするのなら、計画的な旅がいい。乗車する列車を告げて駅弁を予約し、できたてを受け取るのがおすすめ。また、シーズンオンとオフでは駅弁の販売状況にかなりの差があるので、注意しよう。もちろん、都会的な駅ではこの限りではない。

1 いかめし

[函館本線森]

MAP 24 C-4

デパートの催事で全国区になった小さな駅の駅弁

各地の北海道物産展や駅弁大会、実演販売でおなじみの駅弁。調製するいかめし阿部商店は、森駅開業と同時の1903（明治36）年の創業である。調理法は、小ぶりのイカに米を詰めて炊き上げ、タレに漬け込み味付けするというシンプルなもの。米は、うるち米ともち米を混ぜて使用している。荷物のすきまにすっと収まる小ささ、揺れる列車の中での食べやすさは、まさに伝統的な駅弁の姿といえるだろう。500円。

2 かなやのかにめし

[函館本線長万部]

MAP 18 B-5

独特の調理法引き立つカニの味

1950（昭和25）年の発売。ほぐしたカニの身を炒って、カニの香ばしさを引き出しているのが、他の北海道のかにめしとは違う特徴である。オレンジ色のカニが見た目にも食欲をそそる。調製するかにめし本舗かなやの前身となる業者は、1928（昭和3）年に構内営業を開始。40年以上前からデパートの駅弁大会にも積極的に出店しており、実演販売の草分け的な存在である。1000円。

3 たらば寿し

[根室本線釧路]

MAP 15 I-5

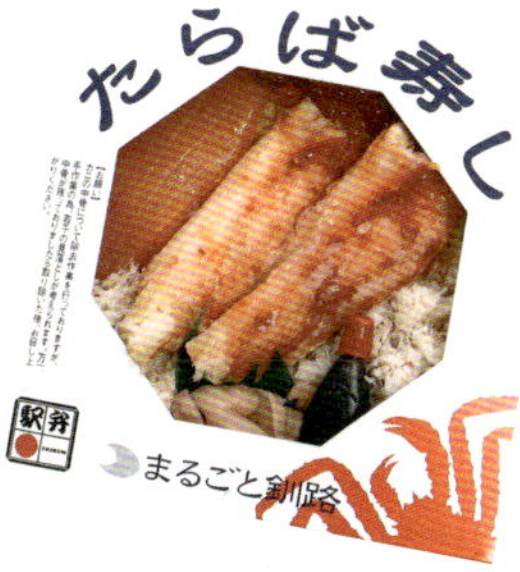

色鮮やかな漁町の逸品

棒状のカニ、カニのほぐし身、いくら、サーモンが色鮮やかに酢飯の上に重なり合う。北の漁港らしい新鮮な味が魅力。調整は、1917（大正6）年創業の釧路駅構内営業を前身とする釧祥館。1480円。

4 石狩鮭めし

[函館本線札幌]

MAP 26 D-3

大正期の「石狩鮭めし」を継承

1923（大正12）年の発売以来、何度かリニューアルを重ね、現在調製は1899（明治32）年創業の比護屋をルーツとする札幌駅立売商会。ちりばめられたイクラと鮭が北海道らしい趣き。1000円。

◆北海道のおもな駅弁（左から駅名／駅弁の名称／値段／座標軸）

函館駅	うにいくら弁当	1260円	MAP➡27 D-4
函館駅	鰊みがき弁当	840円	MAP➡27 D-4
函館駅	ほたてめし	880円	MAP➡27 D-4
苫小牧駅	ほっきめし	1000円	MAP➡19 C-4
苫小牧駅	サーモン寿司	700円	MAP➡19 C-4
洞爺駅	豚丼	680円	MAP➡18 E-5
札幌駅	幕の内弁当 いしかり	800円	MAP➡26 D-3
札幌駅	ジンギスカンあったか弁当	1000円	MAP➡26 D-3
小樽駅	かにめし弁当	850円	MAP➡17 A-2
深川駅	番屋めし*	735円	MAP➡8 G-3
旭川駅	ふらのとんとろ丼	980円	MAP➡6 H-2
旭川駅	蝦夷わっぱミックス	1000円	MAP➡6 H-2
稚内駅	北海いかめし*	500円	MAP➡19 I-7
帯広駅	ぶた八の豚丼	1200円	MAP➡14 H-6
池田駅	十勝牛のワイン漬けステーキ辨當*	1050円（要予約）	MAP➡14 J-6
遠軽駅	かにめし*	900円	MAP➡6 B-5
釧路駅	かきべん	950円	MAP➡15 I-5
釧路駅	花咲かにめし	1000円	MAP➡15 I-5
網走駅	幕の内オホーツク弁当	840円	MAP➡6 H-6
稚内駅	最北駅弁（帆立）*	880円	MAP➡1 C-2

確実に手に入れたい場合は、予約をおすすめします。
特に*印の駅弁は、販売時期、時刻、数量等をご旅行前にご確認下さい。

車両基地・車両工場

寒冷地仕様の設計や改造も行う 独自性が高いメカニック

北海道は極寒地帯ゆえ、雪と寒さに対応した設備を施している。
また都市間連絡特急は、車両の設備が本州のそれとは異なっている。
この車両を保守・点検する車両基地は主要都市周辺に点在する。
大半が非電化区間なので、配置されている車両もディーゼル動車・客車が多い。

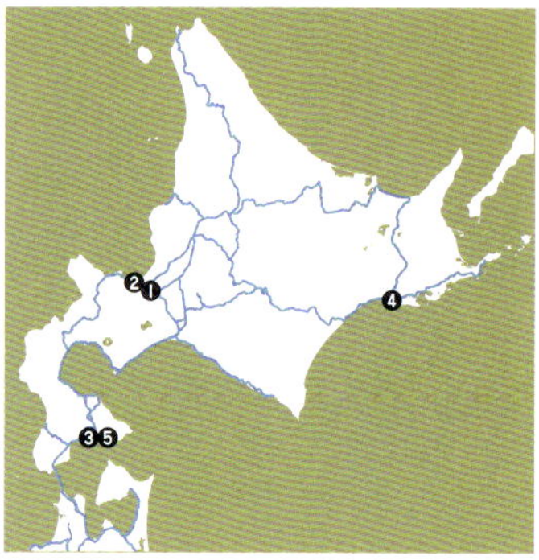

1 JR北海道苗穂運転所·苗穂工場

[北海道札幌市]
MAP 26 E-3

振り子特急を独自開発

函館本線苗穂駅そばにあり「ニセコエクスプレス」などリゾート列車や、宗谷本線特急「スーパー宗谷」、札沼線のディーゼルカーを配置。併設する工場は国鉄時代から極寒地仕様の改造に定評がある。

2 JR北海道札幌運転所

[北海道札幌市]
MAP 12 I-4

ブルトレ車両の昼の寝所

函館本線稲穂駅そばにあり「スーパーカムイ」をはじめ札幌都市圏を走る特急·普通電車、「オホーツク」「スーパーおおぞら」用のディーゼル特急車両を配置する。札幌発着のブルートレインはこの基地を利用している。

3 JR北海道函館運輸所

[北海道函館市]
MAP 27 D-4

「スーパー白鳥」が所属する

函館本線函館駅そばにある。函館駅、五稜郭駅で機関車を交換することから、津軽海峡線、函館本線のブルートレイン牽引機の基地である。函館～札幌間のディーゼル特急、函館近郊のディーゼルカーも配置する。

4 JR北海道釧路運輸車両所

[北海道釧路市]
MAP 15 I-5

DMVやトロッコ客車の基地

根室本線釧路駅から徒歩約10分に位置し、おもに根室本線、釧網本線の車両や「スーパーおおぞら」用特急車両を配置。軌道と道路の両方を走行できるDMV（デュアル・モード・ビークル）も同車両所を基地とする。

5 JR貨物五稜郭機関区

[北海道函館市]
MAP 27 D-1

道内貨物列車の中継地

函館本線五稜郭駅からすぐにあり、電化区間の津軽海峡線専用電気機関車ED79形を配置する。同機関区から関東まで機関車の付け替えをしないことを目的に製造されたEH500形交直流電気機関車、道内で活躍する新鋭のディーゼル機関車DF200形もやって来る。

◆北海道の車両基地・車両工場一覧

苫小牧運転所	JR北海道	MAP→19 C-3
岩見沢運転所	JR北海道	MAP→13 E-3
日高線運輸営業所	JR北海道	MAP→19 C-3
五稜郭車両所	JR北海道	MAP→27 D-1
旭川運転所	JR北海道	MAP→6 I-1
宗谷北線運輸営業所	JR北海道	MAP→5 B-2
帯広運転所	JR北海道	MAP→14 H-6

南車両基地	札幌市交通局	MAP→26 D-6
東車両基地	札幌市交通局	MAP→26 H-5
西車両基地	札幌市交通局	MAP→26 C-3
電車車両センター	札幌市交通局	MAP→26 C-4
駒場車庫	函館市交通局	MAP→27 G-3
春採機関区	太平洋石炭販売輸送	MAP→15 I-6

信号場

厳寒の地方らしくスノーシェルターなどの設備も

北海道の大地は原野と農場で占められ、鉄道の沿線は人口が少なく、駅間も長い。このため単線では駅以外での列車行き違いを避けられず、旅客や貨物の営業を行わない「駅」、信号場がたくさん作られてきた。一方、列車が減っていく路線は行き違いの回数も少なくなり、一つ、また一つと、昔の信号場が姿を消していく。

新幹線　JR　民鉄

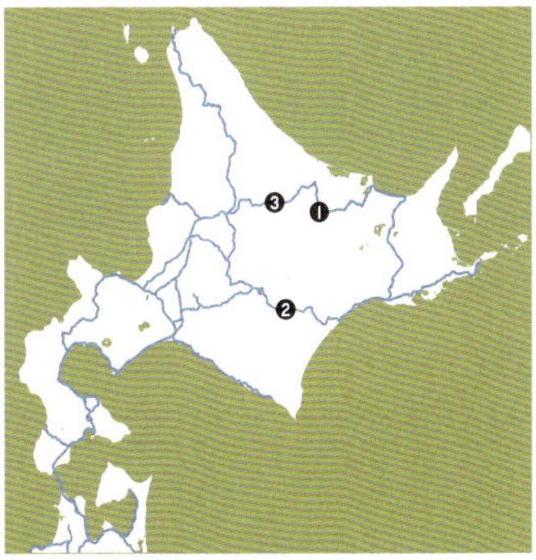

1 常紋信号場

[石北本線]

MAP 10 B-2

スイッチバックの信号場

旭川盆地から北見盆地、オホーツク海沿岸へ抜ける石北本線は、旭川～遠軽間に石北峠、遠軽～北見間に常紋峠という難所が介在する。石北峠越えはJR北海道の路線で最も高い標高634mの上越信号場を通る。常紋峠越えは標高345mと石北峠ほど高所ではないが、生田原駅から16.7パーミルの上り勾配となり、常紋トンネルを越え信号場を過ぎると25パーミルの勾配で金華駅へ下るたいへんきびしい区間である。常紋信号場は、生田原～金華間が単線のうえ15km離れていることから、途中に列車行き違いのために設けられたものだ。信号場は生田原駅から約10kmの地点にあり、坂の途中に設けられたためスイッチバック式で、金華に向かって右に側線が2本、左に1本の構造になっている。信号場は1914（大正3）年に設置され、1951（昭和26）～75（昭和50）年に仮乗降場として旅客扱いを行った。蒸気機関車が主流の時期は、重連のSLが白煙を吐きながら峠を越える姿が注目され、特に1970年代のSL終焉の頃には撮影のため多くの人が訪れた。その当時は貨車を長く連結したSL列車が常紋信号場で行き違うシーンが展開したが、現在では輸送量が少なくなり、行き違い設備は使用されていない。

四季折々の表情を見せてくれる常紋信号場付近。気候の厳しい北海道だからこそ周りが美しい。

2 上芽室信号場

[根室本線]

MAP 14 F-6

農地を貫く直線の信号場

ビート畑の中にある信号場で1966（昭和41）年に設置。係員が駐在した小屋が残る。線路は1線スルー化されていない両開き分岐器の2線構造で、根室本線の信号場としては珍しく直線である。周囲はひろびろとした風景が展開する。

3 上越信号場

[石北本線]

MAP 9 F-1

道内一高所にある信号場

石北本線最大の要衝で、標高634mと道内のJR最高地点。上川～上白滝間の石北トンネルに近接。上川～上白滝間は34kmもあり、西から中越、上越、奥白滝と3つの信号場が並ぶ。中越・奥白滝は2001（平成13）年まで旅客駅だった。

◆北海道の信号場一覧

矢不来信号場	江差線	MAP➡25 F-1
西の里信号場	千歳線	MAP➡13 C-5
駒里信号場	石勝線	MAP➡19 D-2
西早来信号場	石勝線	MAP➡19 E-1
滝ノ下信号場	石勝線	MAP➡13 F-6
楓信号場	石勝線	MAP➡13 G-6
オサワ信号場	石勝線	MAP➡13 F-6
東オサワ信号場	石勝線	MAP➡13 H-6
清風山信号場	石勝線	MAP➡13 I-6
東占冠信号場	石勝線	MAP➡13 J-5
滝ノ沢信号場	石勝線	MAP➡14 B-5
ホロカ信号場	石勝線	MAP➡14 C-5
串内信号場	石勝線	MAP➡14 D-4
北入江信号場	室蘭本線	MAP➡18 E-5
上落合信号場	根室本線	MAP➡14 D-4
新狩勝信号場	根室本線	MAP➡14 D-4
広内信号場	根室本線	MAP➡14 E-5
西新得信号場	根室本線	MAP➡14 E-4
平野川信号場	根室本線	MAP➡14 E-6
上芽室信号場	根室本線	MAP➡14 F-6
昭栄信号場	根室本線	MAP➡15 B-7
常豊信号場	根室本線	MAP➡21 C-1
東庶路信号場	根室本線	MAP➡15 H-5
中越信号場	石北本線	MAP➡9 E-1
上越信号場	石北本線	MAP➡9 F-1
奥白滝信号場	石北本線	MAP➡9 G-1
常紋信号場	石北本線	MAP➡10 B-2

橋梁

厳しい気候を克服するために 北国ならではのスノーシェルターも

国鉄時代の末期に路線廃止が進んだ北海道では
古い橋梁はほとんど役目を終えている。
巨大なトラスを連ねる橋が今もローカル線に多く見られるのは興味深い。
今日の幹線鉄道を彩るのは厳しい風土に負けないスマートな橋である。

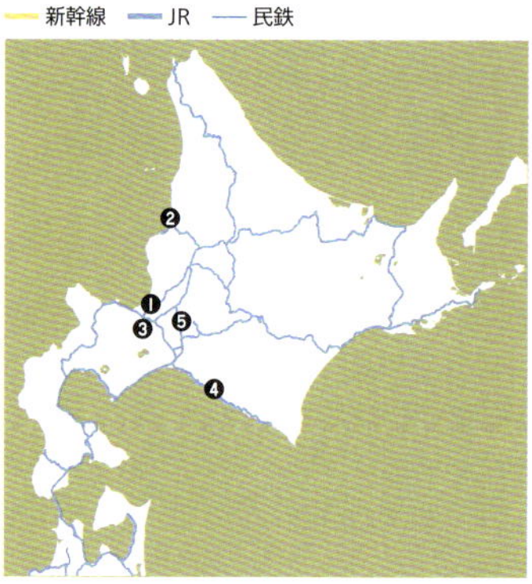

1 石狩川橋梁

[札沼線あいの里公園～石狩太美]

MAP 13 B-3

北海道で最長の鉄道橋

1934（昭和9）年11月に当時の札沼南線桑園～石狩当別間の開通に伴って架設された鋼橋で、道央の一級河川である石狩川に架かり、JR北海道内で最大、在来線の中では8番目の長を誇る橋である。この旧橋は線曲弦ワーレントラス4連で架かっていた橋であったが、現在の橋は3径間連続平行弦ワーレントラス計9径間のもので2001（平成13）年10月に完成している。旧橋も現在の新橋も北海道らしいダイナミックなシルエットが美しく石狩平野の雄大な景色に似合う。橋梁付近には当別町出身の作家である本庄睦男の文学碑がある。以前は閑散路線であった札沼線であったが、最近は北海道医療大学駅までは札幌のベッドタウンとして脚光を浴びており、学園都市線沿線は人口が増加している。そのため、当区間は2012（平成24）年春には電化される予定。

2 第十留萌川橋梁

[留萌本線留萌～瀬越]

MAP 8 D-1

好対照をなす港の双子橋

長さ46mの鋼橋。下路式ワーレントラス1本の橋で、すぐ下流に旧・留萌鉄道臨港線のプラットトラス橋が架かっている。戦前製の部材によって1953（昭和28）年に開通した。現在は片方の橋のみが使われている。

3 札幌市営地下鉄南北線高架橋

[札幌市営地下鉄南平岸～真駒内]

MAP 26 E-5

札幌を代表する景観の一つ

都心から南下する札幌市営地下鉄の末端部で、南平岸から終点の真駒内まで延びている。冬の積雪期でも安定して運行できるよう、線路は半円断面のスノーシェルターですっぽりと覆われている。

4 鵡川橋梁

[日高本線鵡川～汐見]

MAP 19 F-4

トラスもガーダーも風変わり

長さ478mの鋼橋。角ばった下路式プラットトラス2本の前後にプレートガーダーを並べている。このガーダーは一方は上路式、他方は下路式で、均整のとれたトラス部とは対照的である。

5 由仁夕張川橋梁(上り線)

[室蘭本線由仁～栗山]

MAP 13 E-5

往年の大幹線の名残

長さ163mの鋼橋。丈の高い下路式トラス4本、小ぶりの下路式トラス3本、それにプレートガーダー 1本で凹凸のあるシルエットを持っている。孔雀が羽を広げたような曲弦ワーレントラスが美しい。

トンネル

歴史に残る難工事で酷寒の条件を乗り越え完成

北海道は脊梁山脈が南北に立ちふさがり、道央から道南への路線には長大なトンネルが介在する。技術の進歩で長大トンネルの建設が可能になったため、急勾配・急曲線の難所を克服した個所もある。また青函トンネルは、本州～北海道間の鉄道輸送時間を大幅に短縮した。

1 青函トンネル

[津軽海峡線]

MAP 25 C-6

北海道と本州を結ぶ動脈

津軽海峡の下に建設した海底トンネルで、青森側は竜飛岬付近、北海道側は知内町湯の里に坑口がある。JR化約2年後の1989（平成元）年に開業し、全長は53.85km、海底部は23.3km。開業まで本州と北海道は連絡船が結んでいたが、船は気象条件によって出航ができなくなることも多く、交通機関としては不安定であった。また、1954（昭和29）年には台風により洞爺丸ほか4隻が遭難する事故が発生した。これをきっかけに戦前からあった本州と北海道を鉄道で結ぶ構想が具体化したが、海底下という特殊な環境から工事は難航を極め、工事期間は約24年、作業員はのべ1400万人が従事した。当初は在来線規格で計画されたが、整備新幹線計画に合わせて新幹線規格で建設、現在は北海道新幹線新青森～新函館間着工に伴い今後も貨物列車や夜行列車も通過できるよう三線軌条工事を実施している。途中にある竜飛海底駅と吉岡海底駅は、トンネル内の安全設備として消防施設や脱出路を設けたポイントを駅に転用したものであり、開業当初から海底トンネル見学に利用されていたが、吉岡海底駅は新幹線工事のために休止している。最も深い海面下240mに向かって最大12パーミルの勾配が連続するこのトンネルは、火災事故防止の観点から営業列車は電車あるいは電気機関車牽引の客車・貨車のみ通行可能としている。開業当初は青函連絡船の代替として客車列車の快速「海峡」が設定されていたが、2002（平成14）年の東北新幹線八戸延伸にともなうダイヤ改正で廃止され、現在、定期の旅客列車は特急と夜行急行のみとなっている。

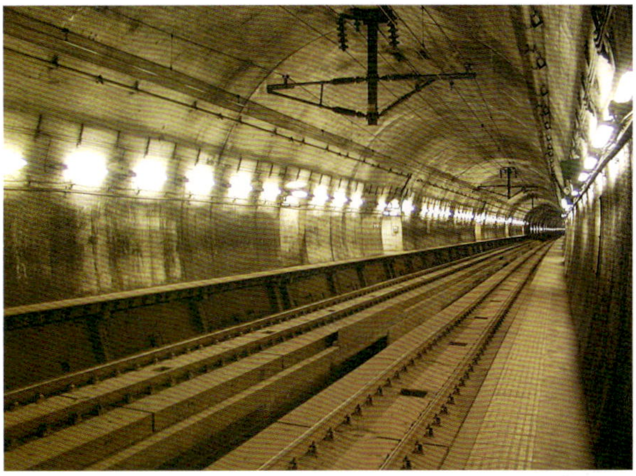

（写真上）53.85kmを駆け抜けて北海道に上陸したEH500形牽引の高速貨物列車。（写真下）トンネル内には竜飛海底と吉岡海底の2駅が設置されたが、吉岡海底は新幹線建設工事に伴い廃止された。

2 常紋トンネル

[石北本線]

MAP 10 B-2

暗い歴史が刻まれている

1914（大正3）年に開業した生田原～金華間にある全長507mのトンネル。前後に長い勾配があり、難所として有名である。「タコ部屋労働」と称される過酷な労働条件で施工されたものとしても知られる。

3 石北トンネル

[石北本線]

MAP 9 F-1

大雪山系の秘境地帯にある

上川地方と網走地方を分ける北見峠の下に建設された上川～上白滝間にある標高644m、全長4329mのトンネルで、難工事の末、1932（昭和7）年に開業した。周辺に人家が見あたらない、道内の鉄道で最大の難所である。

◆北海道のおもなトンネル

青函トンネル	53850m	津軽今別～知内	MAP➡25 C-6
渡島当別トンネル	8060m	新青森～新函館（予定）	MAP➡25 E-2
新登川トンネル	5825m	新夕張～占冠	MAP➡13 I-6
新狩勝トンネル	5810m	落合～新得	MAP➡14 D-4
登川トンネル	5700m	新夕張～占冠	MAP➡13 H-6
滝里トンネル	5595m	野花南～島ノ下	MAP➡8 I-6
石北トンネル	4356m	上川～上白滝	MAP➡9 F-1
鬼峠トンネル	3765m	新夕張～占冠	MAP➡13 I-6
空知トンネル	2255m	金山～東鹿越	MAP➡14 B-4
長和トンネル	1802m	新夕張～占冠	MAP➡13 H-6
狩勝トンネル（現在は封鎖）	954m	落合～（廃駅）新内	MAP➡14 D-4
常紋トンネル	507m	生田原～金華	MAP➡10 B-2

峠と難所

雄大な北海道の難所はそのスケールも大きい

**本州以南とはまったく異なったスケールを備える北海道の地形。
ここに存在する峠と難所も同様にそのスケールは大きい。
これらの峠にさしかかる時、
列車は長い時間をかけてサミットを越える。
その長い時間を楽しむことも、この地を旅する魅力の一つだ。**

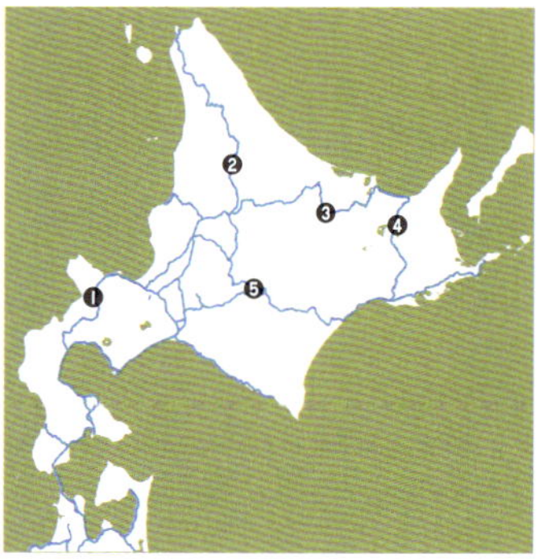

本州などとは別格の雄大さ

北海道に鉄道が生まれたのも明治以降のことで、それは本州以南の鉄道と何も変わりない。しかし、北海道の地形は本州以南とはまったく異なり、限りなく広がる文字通り未開の大地は、鉄道の建設に挑む人々に夢と苦難を与えたのだった。

狩勝峠は北海道を代表する峠で、ここを通る石勝線、あるいは根室本線の線路は、時に雄大な弧を描いて坂道をたどる。車窓風景も雄大で、それは見ていてまったく飽きることがない。青函トンネルが開通するまで、もっとも駅間距離が長かった、すなわち隣の駅が遠かったのも、狩勝峠からの坂道の延長線上にある、根室本線、新得駅と落合駅の間だった。

函館本線の稲穂峠、宗谷本線の塩狩峠、石北本線の常紋越え、釧網本線の釧北越えも、いずれも名うての峠、難所と呼ぶべき存在で、特に蒸気機関車の時代には、連続する勾配が列車の前に立ちはだかった。

気動車列車が全盛の今日にあって、スマートな列車の車内から、機関士の苦闘に思いを馳せることは難しいが、それでも坂道の途上にあって、足取りが重くなった列車に、往時の姿を偲んでみたい。

北海道の峠はどこも、それを越えるには時間を要するのだ。

1 稲穂峠

[函館本線小沢～然別]
MAP 12 D-5

「ニセコ」を苦しめた函館本線の峠道
余市から南へ向かう函館本線は、銀山駅と小沢駅の間で、稲穂嶺から続く稜線を越える。急行「ニセコ」が運転されていた頃、難所の一つとして知られていた地点である。蒸機時代の苦闘は、今も語り草となっている。この地で蒸気機関車の復活運転が行われた時にも、多くのカメラマンがこの峠に集まった。昔と変わらぬ峠道の姿があったからだろう。

2 塩狩峠

[宗谷本線蘭留～和寒]
MAP 5 B-6

小説の舞台になった難所
車掌が一命を投げて乗客の命を救う小説の舞台にもなった塩狩峠。峠に続く線路は、ピークの前後に25パーミル勾配が10km続く。和寒町の郷土資料館には、ここで働いたD51形が静態保存されている。駅の雰囲気は無人化で変わってしまったが、峠の存在は、美しい地名とともに人の心の中に変わることなく生きている。

3 常紋越え

[石北本線金華～生田原]
MAP 10 B-2

今も峠にはスイッチバックが残る
石北本線最大の難所として知られた常紋越え。サミットに建つ常紋信号場には、今もスイッチバック構造が残っている。峠の周辺は民家のない過疎地。峠近くの常紋トンネルは着工から貫通まで3年を要した。

4 釧北越え

[釧網本線緑～川湯温泉]
MAP 11 B-4

道東の幹線鉄道が越える峠道
釧路と網走を結ぶ釧網本線は、釧路付近で広大な根釧原野を走るが、緑駅と川湯温泉駅の間で、峠越えに挑む。この区間で、列車は道路や民家からも遠く離れた地点を走り、車窓風景も深山幽谷の趣を呈する。

5 狩勝峠

［根室本線落合／石勝線トマム～新得］

MAP 14 D-4

道央にそびえる大雪山系から延びる尾根を列車は様々な力を使って越える

狩勝峠は、旧・石狩地方と、旧・十勝地方の境界となっている峠。現在はJRの線路と国道38号がこの峠を越えている。国鉄の時代から、北海道の大動脈である根室本線の線路がここを越えていたが、1981（昭和56）年に新たなバイパス路線である石勝線が開業してからは、上落合信号場～新得駅間23.9kmは、根室本線と石勝線の共用区間となった。この地に鉄道が開業して以来の難所として知られ、峠越えに挑む線路は蛇行を繰り返し、それがゆえに列車写真の撮影名所ともなっていた。1966（昭和41）年には新狩勝トンネルを経由する根室本線の新線が開通して勾配が緩和されたものの、この区間が難路であることに変わりはなく、峠越えに差しかかると、新鋭の気動車を使用した優等列車でさえも、その足取りは目立って遅いものとなる。新線が開業した後は、旧線は実験線として再利用され、ここで列車の火災実験や、脱線実験が行われた。ただし、実験線の用途も1979（昭和54）年には終了し、今日においてはその痕跡を探すことも難しい。1981年に開通した石勝線は、札幌方面と帯広、釧路方面をダイレクトに結ぶ新しい動脈で、新規に建設された区間は、橋梁や長大トンネル、あるいはシェルターを連続させて、深い山の中を一直線に走り抜ける。それでも、峠に掘られた新狩勝トンネルは昔と変わらない高さにあり、列車が勾配に挑まなければならない環境に変わりはない。峠越えの列車の姿は外から見ていても美しく、列車の車窓風景も素晴らしいが、特に普通列車の運転本数の少なさは、鉄道旅行者にとっては寂しい限りだ。

行き違いの為に鬱蒼とした緑に包まれた信号場に入線するディーゼルカー。厳しい難所越えの中にあって一息つく場面だ。

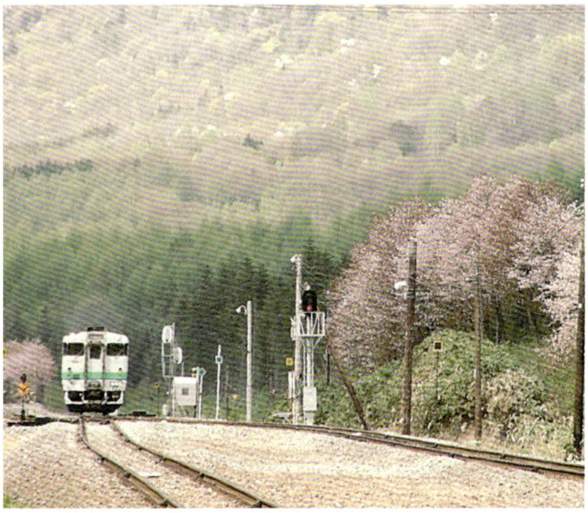

DE15形に牽かれた列車が大きくカーブを描いて勾配を克服していく。

関連マーク▶ 登

REMAINS OF ABOLISHED LINE

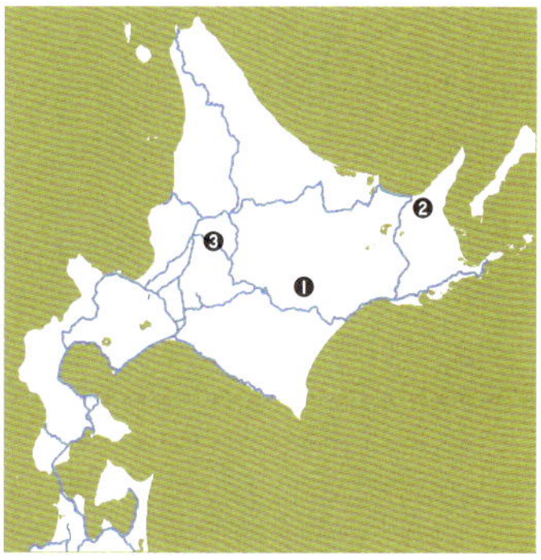

廃線跡・未成線

自然回帰が進む一方で保存される貴重な遺構

日本の北端に位置する北海道。先住民族「アイヌ」の地として、本州以南とは異なる歴史を歩んできたが、そこを走る鉄道も開拓を目的に建設されたという独特な歴史に彩られている。しかし、もともとが気候の厳しい寒冷地で人口が少なく、戦後はほかの地域以上にローカル線の廃止が進んだ。

文化財として残る遺構も

北海道の鉄道は開拓のための資材輸送を目的に計画され、石炭などの資源にも恵まれていたことから、炭鉱を結ぶ鉄道路線も多数建設されている。しかし、1960年代のエネルギー革命に伴い石炭輸送を主体とした私鉄を中心に廃止が進行。さらに国鉄の経営悪化が深刻化した1980年代には国鉄再建法に基づくローカル線の整理が実施され、特に人口が少ない北海道では廃止が早期に進んだ。廃線の多くが人口希薄地帯を通り、並行する道路も充実していたため、跡地をバイパス道や遊歩道、農道に転用したケースは少なく、そのまま朽ちて自然に回帰したり、農地に戻されたものが多い。一部の廃線では文化財としての観点から橋梁などが保存されている。

（写真上左）旧・富内線富内駅には線路や客車も残っている。（写真上右）津軽海峡沿いに計画された戸井線には雄大なアーチ橋が残る。（写真下左）北海道初の鉄道だった手宮線跡に錆びたレールが伸びる。（写真下中）戸井線のトンネルは今も黒い口を開けている。（写真下右）縁起切符で有名な旧・広尾線幸福駅は今も観光名所。

◆北海道のおもな廃線

美幸線（美深～仁宇布）	MAP➡3 B-6	根室本線（旧線／落合～新得）	MAP➡14 E-4
渚滑線（渚滑～北見滝ノ上）	MAP➡5 H-3	三井芦別鉄道（芦別～頼城）	MAP➡8 H-6
湧網線（中湧別～網走）	MAP➡6 G-5	函館本線（旧線／納内～旭川）	――
相生線（美幌～北見相生）	MAP➡10 G-3	函館本線（上砂川支線／砂川～上砂川）	MAP➡8 F-6
根北線（斜里～越川）	MAP➡11 D-2	幌内線（岩見沢～幾春別・幌内）	MAP➡13 F-3
標津線（標茶～根室標津・中標津～厚床）	MAP➡11 D-6	夕張鉄道（野幌～夕張本町）	――
別海村営軌道（奥行臼～上風連ほか）	――	三菱大夕張鉄道（清水沢～大夕張炭山）	MAP➡13 G-5
北海道ちほく高原鉄道（池田～北見）	MAP➡15 B-3	手宮線（南小樽～手宮）	MAP➡17 A-2
士幌線（帯広～十勝三股）	MAP➡14 H-4	岩内線（小沢～岩内）	MAP➡12 C-5
広尾線（帯広～広尾）	MAP➡20 H-3	定山渓鉄道（東札幌～定山渓）	――

1 士幌線

［帯広～十勝三股］

MAP 14 H-4

ダム湖の底から姿を現す「幻の鉄道橋」

根室本線帯広駅から北上し、石狩山地南麓の十勝三股を結んでいた旧・国鉄ローカル線。木材資源の輸送を目的に計画され、1939（昭和14）年に全通。1955（昭和30）年には、糠平ダムの建設による線路の水没で清水谷～糠平～幌加間が新線に付け替えられている。輸送量の減少から1978（昭和53）年12月25日に末端の糠平～十勝三股間をバス代行輸送に変更し、1987（昭和62）年には国鉄再建法に基づき全線が廃止。旧・士幌駅舎が鉄道記念館として保存されているほか、清水谷～十勝三股間ではコンクリートアーチ橋が多数残る。また、糠平ダムの建設で水没した旧線も渇水期にはタウシュベツ川橋梁が姿を現し、「幻の鉄道橋」として注目されている。

士幌線のアーチ橋は新旧両線ともに注目を浴びている。

2 根北線

［斜里～越川～根室標津］

MAP 11 D-2

コンクリートアーチ橋が残る道東の未成線

釧網本線斜里駅（現・知床斜里駅）と旧・標津線の根室標津駅を結ぶ計画だった旧・国鉄ローカル線で、1957（昭和32）年に斜里～越川間が開業。しかし輸送量が極度に少なく、開業からわずか13年後の1970（昭和45）年に廃止され、越川～根室標津間の建設も中止された。路盤の多くが農地に戻されたが、越川以南の未成区間では10連のコンクリートアーチ橋（越川橋梁）が現在も残されている。

3 三井芦別鉄道

［芦別～頼城］

MAP 8 H-6

「橋梁を渡る列車」の雰囲気残す廃線跡

根室本線芦別駅と旧・三井鉱山芦別鉱区を結ぶ石炭専用鉄道として1945（昭和20）年に芦別～頼城間が全通。1949（昭和24）年から地方鉄道として営業を開始したが、1989（平成元）年に廃止された。入山～中の丘間には鋼製6連桁橋とコンクリート2連アーチ橋で構成される炭山川橋梁が残されており、線路上にディーゼル機関車と石炭車を設置して往時の雰囲気そのままに保存されている。

北海道索引図

1:2,000,000

オホーツク海
太平洋
網走地方
根室地方
釧路地方
十勝地方
知床半島
知床岬
羅臼岳
斜里岳
海別岳
網走
知床斜里
遠軽
北見
摩周
標茶
根室
厚床
厚岸
釧路
白糠
池田
帯広
女満別空港
根室中標津空港
たんちょう釧路空港
とかち帯広空港
オホーツク紋別空港
石北本線
釧網本線
根室本線
サロマ湖
能取湖
屈斜路湖
摩周湖
阿寒湖
風蓮湖
雌阿寒岳
雄阿寒岳
根釧台地
根釧原野
釧路平野
十勝平野
十勝川
根室海峡
野付水道
ケラムイ崎
歯舞群島
水晶島
納沙布岬
国後島
爺爺岳
安渡移矢岬
国後水道
色丹島
多楽島
志発島
択捉島
西単冠山
ラッキベツ岬
143°40′00″
144°40′00″
145°40′00″
146°40′00″
147°40′00″
148°40′00″
44°37′00″
43°37′00″
45°37′00″
6
7
10
11
15
16
21

1:300,000

0 2 4 6 8 10km

地図上の1センチは3.0キロメートル

鉄道施設 景観

車両基地（全般検査可能） / 車両基地 / 車両製造工場 / 信号場・信号所 / デッドセクション / 急勾配 / スイッチバック / ループ線 / 大カーブ / 鉄道博物館 / 鉄道記念館 / 鉄道記念碑 / 車両展示 / 廃線跡 / ロケ地

宗谷本線

JR天北線

国鉄興浜北線

国鉄羽幌線

路線

新幹線

2.0km 駅間距離

JR複線

JR単線

私鉄複線

私鉄単線

貨物線

新交通・モノレール

ケーブルカー

ロープウェイ

廃線

バス

カーフェリー

旅客船

★ その他鉄道施設
撮影ポイント
絶景ポイント

駅・施設の付属情報

1234-5678 駅コード
ご利用案内 ➲ 表紙裏ページ

特急停車駅 / 列車交換 / スイッチバック / ループ線 / 頭端式ホーム / 転車台 / 扇形車庫 / デッドセクション / みどりの窓口 / レンタカー / 駅弁 / 多目的トイレ / 入浴施設 / 立食そば / 駅スタンプ / 硬券入場券 / 発車音楽 / 駅ビル / 重要文化財 / 登録有形文化財 / 近代化産業遺産 / 鉄道記念物 / 北海道遺産

1:300,000

0 2 4 6 8 10km

地図上の1センチは3.0キロメートル

鉄道施設
景観

- 車両基地（全般検査可能）
- 車両基地
- 車両製造工場
- 信号場・信号所
- デッドセクション
- 急勾配
- スイッチバック
- ループ線
- 大カーブ
- 鉄道博物館
- 鉄道記念館
- 鉄道記念碑
- 車両展示
- 廃線跡
- ロケ地

宗谷本線

JR天北線

国鉄羽幌線

国鉄美幸線

路線

- 新幹線
- 2.0km 駅間距離
- JR複線
- JR単線
- 私鉄複線
- 私鉄単線
- 貨物線
- 新交通・モノレール
- ケーブルカー
- ロープウェイ
- 廃線
- バス
- カーフェリー
- 旅客船

その他鉄道施設
撮影ポイント
絶景ポイント

駅・施設の付属情報

1234-5678 駅コード
ご利用案内 表紙裏ページ

特急停車駅 / 列車交換 / スイッチバック / ループ線 / 頭端式ホーム / 転車台 / 扇形車庫 / デッドセクション / みどりの窓口 / レンタカー / 駅弁 / 多目的トイレ / 入浴施設 / 立食そば / 駅スタンプ / 硬券入場券 / 発車音楽 / 駅ビル / 重要文化財 / 登録有形文化財 / 近代化産業遺産 / 鉄道記念物 / 北海道遺産

1
3
4
5

1:300,000

0 2 4 6 8 10km

地図上の1センチは3.0キロメートル

鉄道施設
景観

車両基地（全般検査可能）
車両基地
車両製造工場
信号場・信号所
デッドセクション
急勾配
スイッチバック
ループ線
大カーブ
鉄道博物館
鉄道記念館
鉄道記念碑
車両展示
廃線跡
ロケ地

路線

新幹線
2.0km 駅間距離
JR複線
JR単線
私鉄複線
私鉄単線
貨物線
新交通・モノレール
ケーブルカー
ロープウェイ
廃線
バス
カーフェリー
旅客船

その他鉄道施設
撮影ポイント
絶景ポイント

駅・施設の付属情報

1234-5678 駅コード
ご利用案内 ➔ 表紙裏ページ

特急停車駅 / 列車交換 / スイッチバック / ループ線 / 頭端式ホーム / 転車台 / 扇形車庫 / デッドセクション / みどりの窓口 / レンタカー / 駅弁 / 多目的トイレ / 入浴施設 / 立食そば / 駅スタンプ / 硬券入場券 / 発車音楽 / 駅ビル / 重要文化財 / 登録有形文化財 / 近代化産業遺産 / 鉄道記念物 / 北海道遺産

1:300,000

0 2 4 6 8 10km

地図上の1センチは3.0キロメートル

鉄道施設景観

- 車両基地（全般検査可能）
- 車両基地
- 車両製造工場
- 信号場・信号所
- デッドセクション
- 急勾配
- スイッチバック
- ループ線
- 大カーブ
- 鉄道博物館
- 鉄道記念館
- 鉄道記念碑
- 車両展示
- 廃線跡
- ロケ地

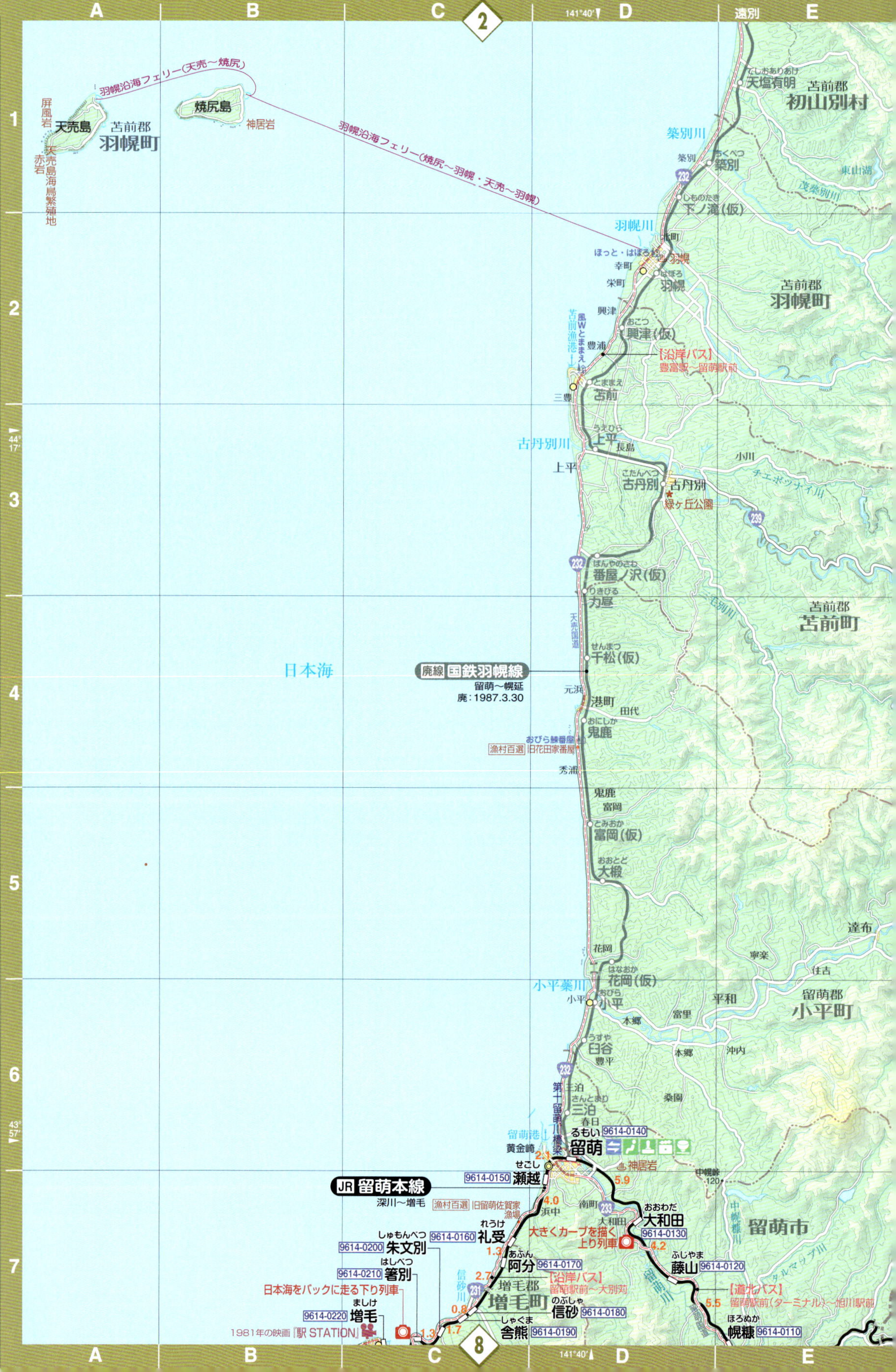

路線

- 新幹線
- 2.0km 駅間距離
- JR複線
- JR単線
- 私鉄複線
- 私鉄単線
- 貨物線
- 新交通・モノレール
- ケーブルカー
- ロープウェイ
- 廃線
- バス
- カーフェリー
- 旅客船

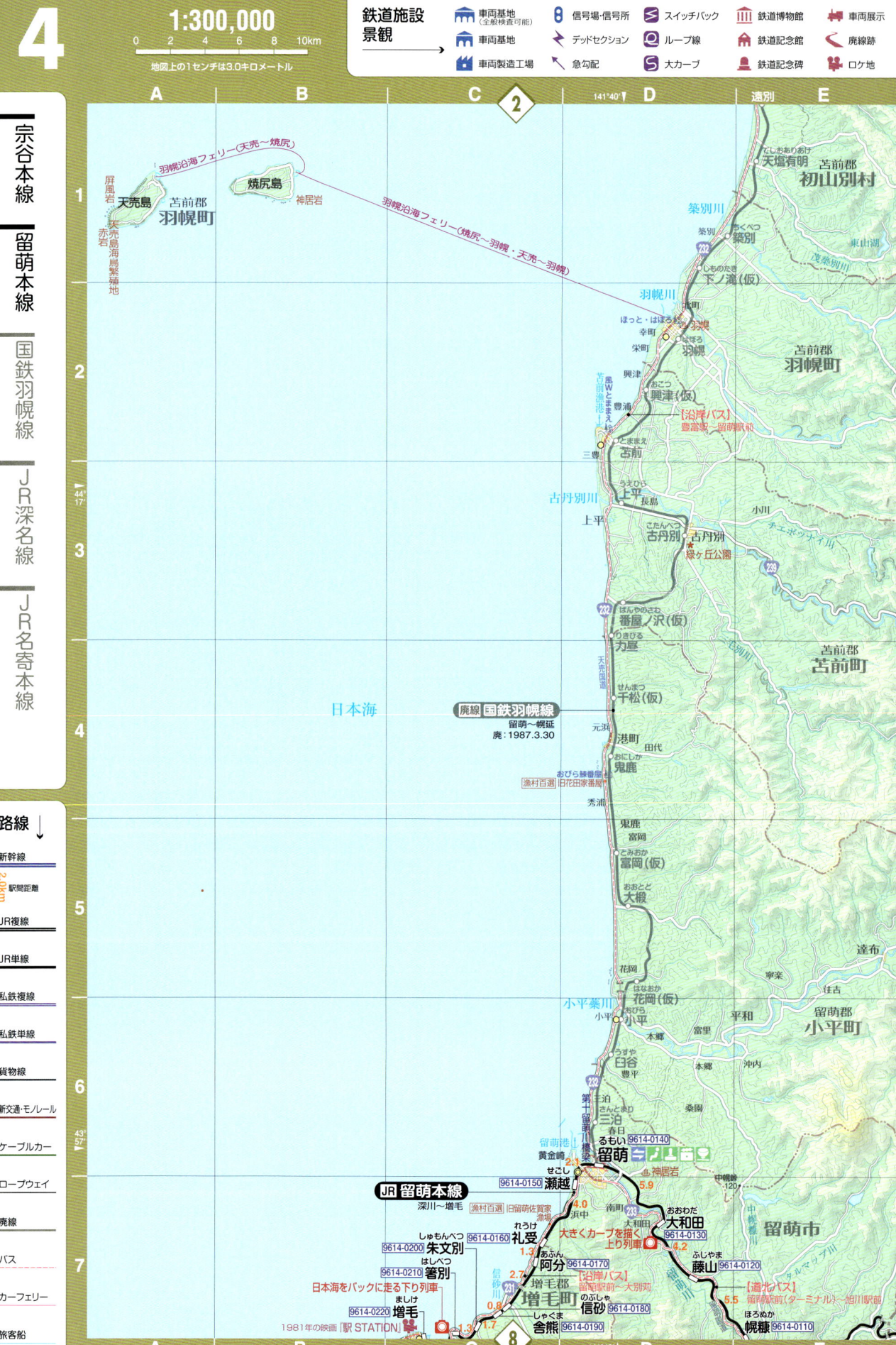

その他鉄道施設
撮影ポイント
絶景ポイント

駅・施設の付属情報

1234-5678 駅コード
ご利用案内 ⇒ 表紙裏ページ

特急停車駅 / 列車交換 / スイッチバック / ループ線 / 頭端式ホーム / 転車台 / 扇形車庫 / デッドセクション / みどりの窓口 / レンタカー / 駅弁 / 多目的トイレ / 入浴施設 / 立食そば / 駅スタンプ / 硬券入場券 / 発車音楽 / 駅ビル / 重要文化財 / 登録有形文化財 / 近代化産業遺産 / 鉄道記念物 / 北海道遺産

5

1:300,000

0 2 4 6 8 10km

地図上の1センチは3.0キロメートル

鉄道施設景観

車両基地（全般検査可能） / 車両基地 / 車両製造工場 / 信号場・信号所 / デッドセクション / 急勾配 / スイッチバック / ループ線 / 大カーブ / 鉄道博物館 / 鉄道記念館 / 鉄道記念碑 / 車両展示 / 廃線跡 / ロケ地

路線

新幹線

2.0km 駅間距離

JR複線

JR単線

私鉄複線

私鉄単線

貨物線

新交通・モノレール

ケーブルカー

ロープウェイ

廃線

バス

カーフェリー

旅客船

その他鉄道施設
撮影ポイント
絶景ポイント

駅・施設の付属情報

1234-5678 駅コード
ご利用案内 ➡ 表紙裏ページ

特急停車駅 / 列車交換 / スイッチバック / ループ線 / 頭端式ホーム / 転車台 / 扇形車庫 / デッドセクション / みどりの窓口 / レンタカー / 駅弁 / 多目的トイレ / 入浴施設 / 立食そば / 駅スタンプ / 硬券入場券 / 発車音楽 / 駅ビル / 重要文化財 / 登録有形文化財 / 近代化産業遺産 / 鉄道記念物 / 北海道遺産

1:300,000
0 2 4 6 8 10km
地図上の1センチは3.0キロメートル

鉄道施設
景観

- 車両基地（全般検査可能）
- 車両基地
- 車両製造工場
- 信号場・信号所
- デッドセクション
- 急勾配
- スイッチバック
- ループ線
- 大カーブ
- 鉄道博物館
- 鉄道記念館
- 鉄道記念碑
- 車両展示
- 廃線跡
- ロケ地

石北本線
釧網本線
JR名寄本線
国鉄湧網線

路線
- 新幹線
- 2.0km 駅間距離
- JR複線
- JR単線
- 私鉄複線
- 私鉄単線
- 貨物線
- 新交通・モノレール
- ケーブルカー
- ロープウェイ
- 廃線
- バス
- カーフェリー
- 旅客船

5
9
10

その他鉄道施設
撮影ポイント
絶景ポイント

駅・施設の付属情報

1234-5678 駅コード

ご利用案内 ➔ 表紙裏ページ

特急停車駅 / 列車交換 / スイッチバック / ループ線 / 頭端式ホーム / 転車台 / 扇形車庫 / デッドセクション / みどりの窓口 / レンタカー / 駅弁 / 多目的トイレ / 入浴施設 / 立食そば / 駅スタンプ / 硬券入場券 / 発車音楽 / 駅ビル / 重要文化財 / 登録有形文化財 / 近代化産業遺産 / 鉄道記念物 / 北海道遺産

1:300,000

0 2 4 6 8 10km

地図上の1センチは3.0キロメートル

鉄道施設
景観

- 車両基地（全般検査可能）
- 車両基地
- 車両製造工場
- 信号場・信号所
- デッドセクション
- 急勾配
- スイッチバック
- ループ線
- 大カーブ
- 鉄道博物館
- 鉄道記念館
- 鉄道記念碑
- 車両展示
- 廃線跡
- ロケ地

路線

- 新幹線
- 2.0km 駅間距離
- JR複線
- JR単線
- 私鉄複線
- 私鉄単線
- 貨物線
- 新交通・モノレール
- ケーブルカー
- ロープウェイ
- 廃線
- バス
- カーフェリー
- 旅客船

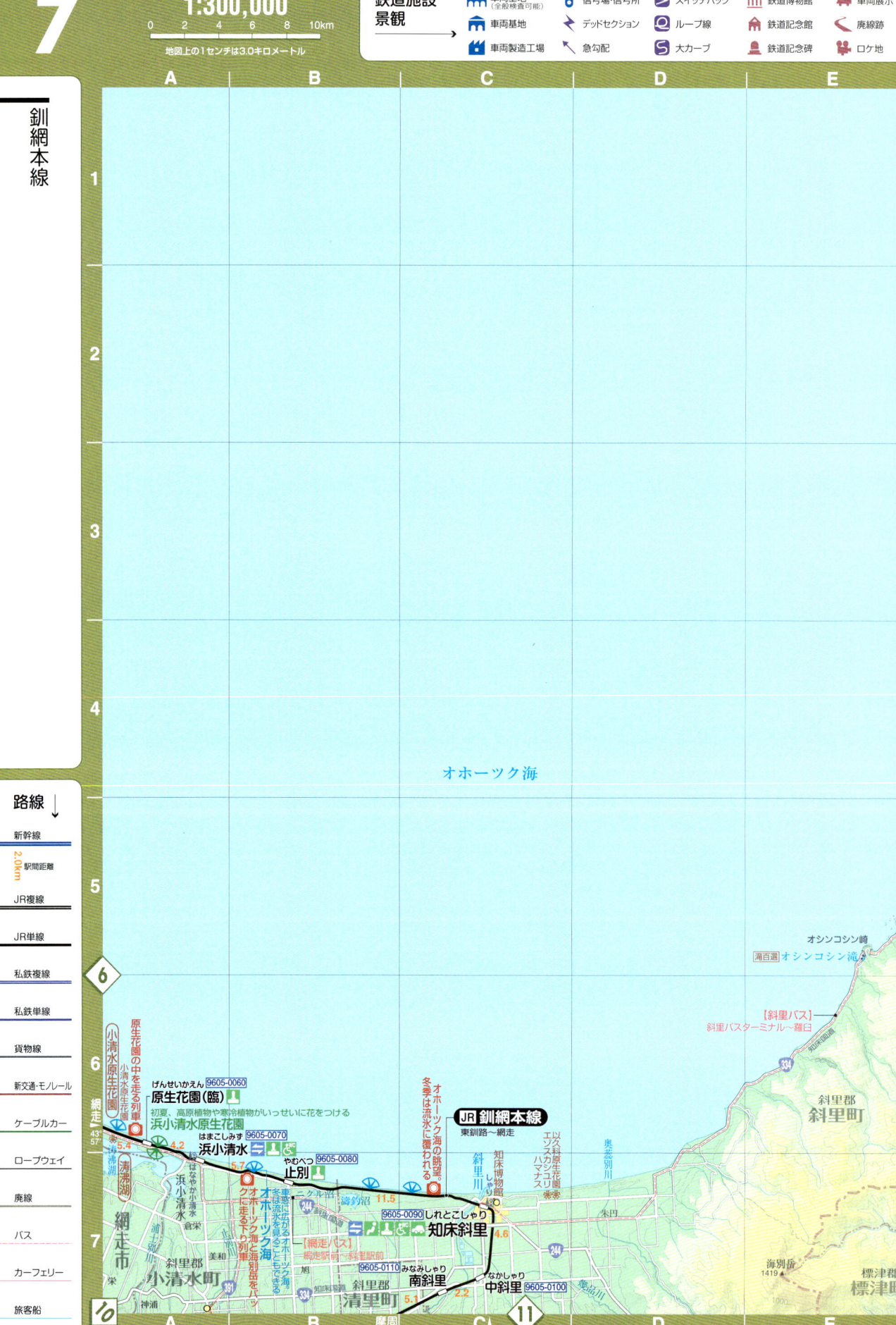

その他鉄道施設
撮影ポイント
絶景ポイント

駅・施設の付属情報

1234-5678 駅コード

ご利用案内 ➡ 表紙裏ページ

特急停車駅 / 列車交換 / スイッチバック / ループ線 / 頭端式ホーム / 転車台 / 扇形車庫 / デッドセクション / みどりの窓口 / レンタカー / 駅弁 / 多目的トイレ / 入浴施設 / 立食そば / 駅スタンプ / 硬券入場券 / 発車音楽 / 駅ビル / 重要文化財 / 登録有形文化財 / 近代化産業遺産 / 鉄道記念物 / 北海道遺産

1:300,000
0 2 4 6 8 10km
地図上の1センチは3.0キロメートル

鉄道施設景観

- 車両基地（全般検査可能）
- 車両基地
- 車両製造工場
- 信号場・信号所
- デッドセクション
- 急勾配
- スイッチバック
- ループ線
- 大カーブ
- 鉄道博物館
- 鉄道記念館
- 鉄道記念碑
- 車両展示
- 廃線跡
- ロケ地

留萌本線
函館本線
富良野線
根室本線
札沼線

路線

- 新幹線
- 駅間距離
- JR複線
- JR単線
- 私鉄複線
- 私鉄単線
- 貨物線
- 新交通・モノレール
- ケーブルカー
- ロープウェイ
- 廃線
- バス
- カーフェリー
- 旅客船

その他鉄道施設
撮影ポイント
絶景ポイント

駅・施設の付属情報

1234-5678 駅コード

ご利用案内 ⇔ 表紙裏ページ

特急停車駅 列車交換 スイッチバック ループ線 頭端式ホーム 転車台 扇形車庫 デッドセクション みどりの窓口 レンタカー 駅弁 多目的トイレ 入浴施設 立食そば 駅スタンプ 硬券入場券 発車音楽 駅ビル 重要文化財 登録有形文化財 近代化産業遺産 鉄道記念物 北海道遺産

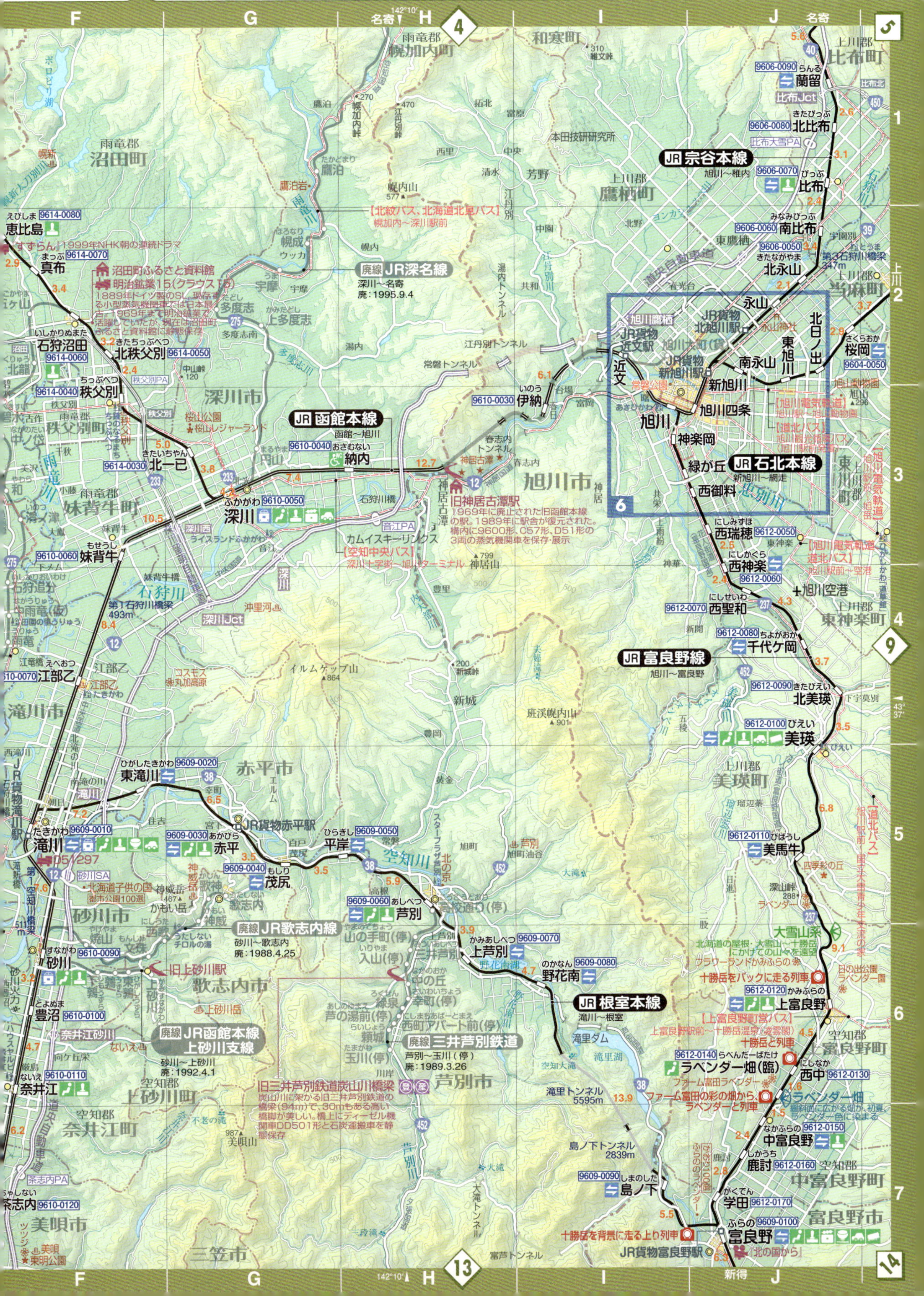

1:300,000

0 2 4 6 8 10km

地図上の1センチは3.0キロメートル

鉄道施設
景観

- 車両基地（全般検査可能）
- 車両基地
- 車両製造工場
- 信号場・信号所
- デッドセクション
- 急勾配
- スイッチバック
- ループ線
- 大カーブ
- 鉄道博物館
- 鉄道記念館
- 鉄道記念碑
- 車両展示
- 廃線跡
- ロケ地

路線

- 新幹線
- 2.0km 駅間距離
- JR複線
- JR単線
- 私鉄複線
- 私鉄単線
- 貨物線
- 新交通・モノレール
- ケーブルカー
- ロープウェイ
- 廃線
- バス
- カーフェリー
- 旅客船

その他鉄道施設
撮影ポイント
絶景ポイント

駅・施設の付属情報

1234-5678 駅コード
ご利用案内 ⇒ 表紙裏ページ

特急停車駅
列車交換
スイッチバック
ループ線
頭端式ホーム
転車台
扇形車庫
デッドセクション
みどりの窓口
レンタカー
駅弁
多目的トイレ
入浴施設
立食そば
駅スタンプ
硬券入場券
発車音楽
駅ビル
重要文化財
登録有形文化財
近代化産業遺産
鉄道記念物
北海道遺産

5
6
10
14
15
遠軽
帯広
JR 石北本線
新旭川〜網走
上越信号場
奥白滝信号場
上白滝
白滝
旧白滝
下白滝
生田原
常紋信号場
9604-0150 かみしらたき
9604-0160 しらたき
9604-0170 きゅうしらたき
9604-0180 しもしらたき
9604-0250 いくたはら
雨宮21号、鶴居村営軌道DL
森林鉄道蒸気機関車「雨宮21号」
旧武利森林鉄道丸瀬布駅
丸瀬布森林公園いこいの森
森林鉄道用蒸気機関車「雨宮21号」を動態保存。園内の2kmの軌道上を、来園者を乗せて走行。郷土資料館やオートキャンプ場なども併設
常紋峠に挑む下り列車
紋別郡 滝上町
紋別郡 遠軽町
上川郡 上川町
北見市
常呂郡 置戸町
足寄郡 陸別町
足寄郡 足寄町
河東郡 上士幌町
河東郡 鹿追町
4356m 石北トンネル
北大雪トンネル
旭川紋別自動車道
層雲峡
大雪山層雲峡・黒岳ロープウェイ
銀河トンネル
小函トンネル
大雪ダム
大雪湖
武華トンネル
石北峠
【道北バス】層雲峡〜大雪湖
【道北バス】ユースホステル〜銀泉台
大雪高原
三国トンネル
三国峠
北海道大水分点
おけと湖
温根湯
塩別つるつる温泉
十勝三股
十三の沢橋梁
第六音更川橋梁
第五音更川橋梁
幌加駅跡
旧士幌線の廃駅跡で、草むらの中にホームや線路が残っている。夏草に覆われたホームには駅名標が復元されていて、独特な雰囲気を漂わせている
音更トンネル
タウシュベツ川橋梁
士幌線旧線に建設された11連のアーチ橋。糠平湖の水位によりその姿を変える「幻の橋」
廃線 国鉄士幌線
糠平〜十勝三股
廃：1978.12.24
帯広〜糠平
廃：1987.3.23
【道北バス】【十勝バス】【北海道拓殖バス】旭川駅前〜帯広駅
上士幌町鉄道資料館
客貨車パネルや保線用具、備品類、当時駅員が着ていた制服などを展示。入館料100円
ぬかびら源泉郷
糠平ダム（仮）
電力所前（仮）
第三音更川橋梁
北海道戦前期の鉄道コンクリートアーチ橋では最大径間を誇る
黒石平
糠平湖
【十勝バス】帯広駅バスターミナル〜ぬかびら源泉郷スキー場前
有明山 1635
ニセイカウシュッペ山 1883
平山 1771
支湧別岳 1688
武利岳 1876
武華山 1759
屏風岳 1792
北見富士 1291
三国山 1541
ユニ石狩岳 1541
音更山 1932
石狩岳 1967
西クマネシリ岳 1635
南クマネシリ岳 1560
ニペソツ山 2013
丸山 1692
ウペペサンケ山 1848
東三国山 1230
喜登牛山 1312
天狗平
北大雪
金冷水
神霊水
旭峠 840
金華峠 360
曲り沢峠 720
温根湯峠
鹿の子
常元
沼ノ原

1:300,000

0 2 4 6 8 10km

地図上の1センチは3.0キロメートル

鉄道施設
景観

車両基地（全般検査可能）
車両基地
車両製造工場
信号場・信号所
デッドセクション
急勾配
スイッチバック
ループ線
大カーブ
鉄道博物館
鉄道記念館
鉄道記念碑
車両展示
廃線跡
ロケ地

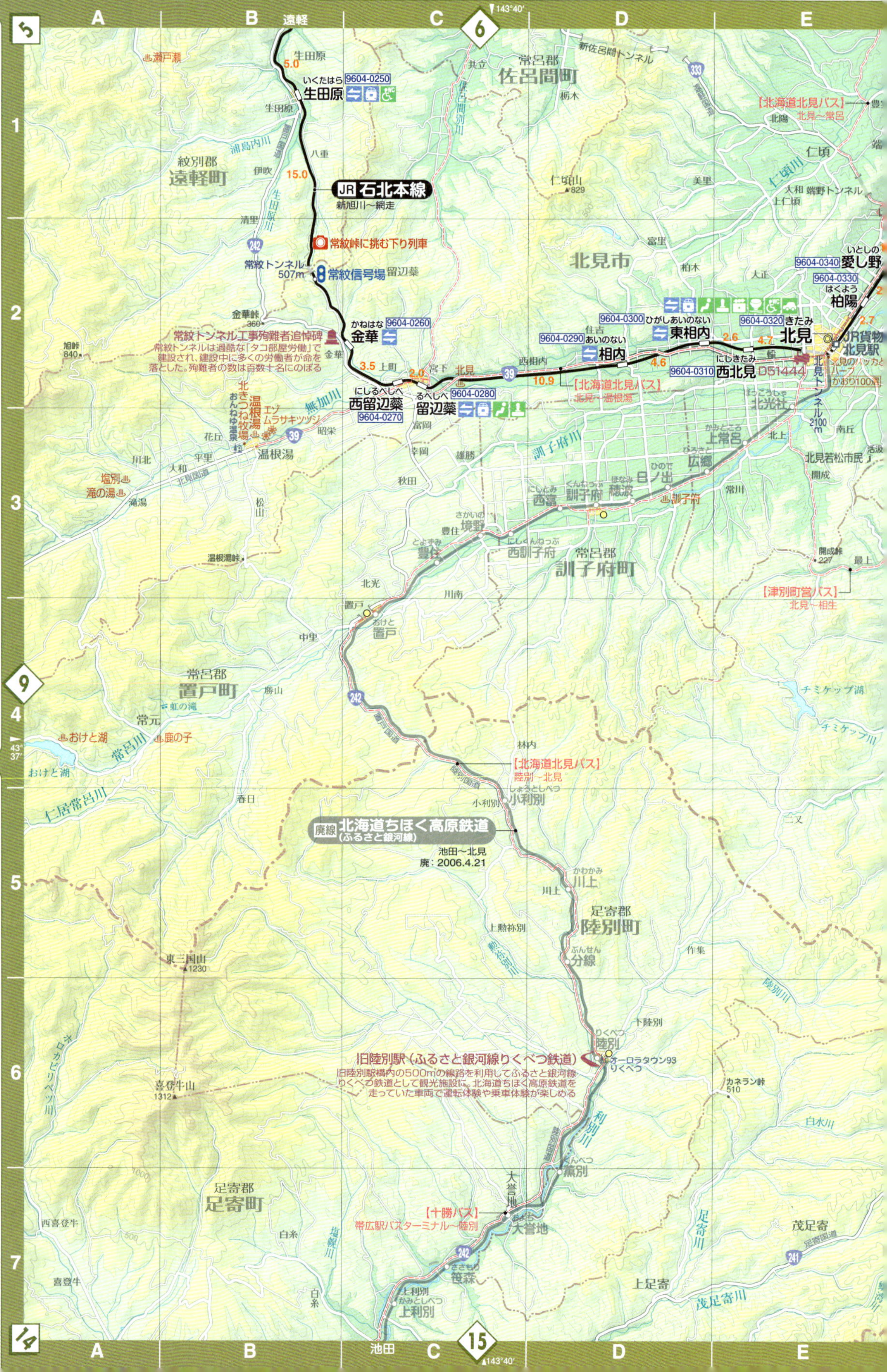

JR 石北本線
新旭川～網走
遠軽
生田原
いくたはら 9604-0250
5.0
15.0
紋別郡
遠軽町
常紋峠に挑む下り列車
常紋トンネル
507m
常紋信号場
留辺蘂
かねはな 9604-0260
金華
常紋トンネル工事殉難者追悼碑
常紋トンネルは過酷な「タコ部屋労働」で建設され、建設中に多くの労働者が命を落とした。殉難者の数は百数十名にのぼる
にしるべしべ
西留辺蘂
9604-0270
るべしべ 9604-0280
留辺蘂
3.5
2.0
10.9
北海道北見バス
北見～留辺蘂
あいのない
9604-0290
相内
ひがしあいのない
9604-0300
東相内
4.6
2.6
4.7
にしきたみ
9604-0310
西北見
D51444
きたみ
9604-0320
北見
9604-0330
はくよう
柏陽
9604-0340
いとしの
愛し野
JR貨物
北見駅
北見トンネル
2100m
北海道北見バス
北見～常呂
佐呂間町
常呂郡
北見市
温根湯
北きつね牧場
温根湯温泉
山の水族館
塩別
滝の湯
訓子府町
常呂郡
置戸町
置戸
おけと湖
津別町営バス
北見～相生
北海道北見バス
陸別～北見
小利別
廃線 北海道ちほく高原鉄道（ふるさと銀河線）
池田～北見
廃：2006.4.21
川上
足寄郡
陸別町
分線
陸別
旧陸別駅（ふるさと銀河線りくべつ鉄道）
旧陸別駅構内の500mの線路を利用してふるさと銀河線りくべつ鉄道として観光施設に。北海道ちほく高原鉄道を走っていた車両で運転体験や乗車体験が楽しめる
オーロラタウン93りくべつ
薫別
大誉地
十勝バス
帯広駅バスターミナル～陸別
笹森
上利別
足寄郡
足寄町
東三国山
1230
喜登牛山
1312
池田

路線

新幹線
2.0km 駅間距離
JR複線
JR単線
私鉄複線
私鉄単線
貨物線
新交通・モノレール
ケーブルカー
ロープウェイ
廃線
バス
カーフェリー
旅客船

その他鉄道施設
撮影ポイント
絶景ポイント

駅・施設の付属情報

1234-5678 駅コード

ご利用案内 ⇨ 表紙裏ページ

特急停車駅 / 列車交換 / スイッチバック / ループ線 / 頭端式ホーム / 転車台 / 扇形車庫 / デッドセクション / みどりの窓口 / レンタカー / 駅弁 / 多目的トイレ / 入浴施設 / 立食そば / 駅スタンプ / 硬券入場券 / 発車音楽 / 駅ビル / 重要文化財 / 登録有形文化財 / 近代化産業遺産 / 鉄道記念物 / 北海道遺産

F
G
H
I
J
6
7
11
15
16
JR 石北本線
新旭川～網走
JR 釧網本線
網走～東釧路
廃線 国鉄相生線
美幌～北見相生
廃：1985.4.1
網走市
網走湖
女満別
9604-0390
西女満別
9604-0380
緋牛内
9604-0360
美幌
9604-0370
美幌博物館
美幌市郷土史料館
浜小清水
9605-0070
止別
9605-0080
原生花園(臨)
9605-0060
小清水原生花園
濤沸湖
オホーツク海
原生花園の中を走る列車
オホーツク海と別当をバックに走る下り列車
斜里町
小清水町
大空町
美幌町
清里町
津別町
弟子屈町
標茶町
鶴居村
釧路市
白糠町
札弦
9605-0130
緑
9605-0140
川湯温泉
9605-0150
美留和
9605-0160
摩周
9605-0170
南弟子屈
9605-0180
磯分内
9605-0190
屈斜路湖
中島
和琴半島
硫黄山
摩周湖
カムイシュ島
阿寒湖
チウルイ島
ヤイタイ島
大島
雄阿寒岳
雌阿寒岳
阿寒富士
藻琴山
美幌峠
旧釧路鉄道線路跡（跡佐登硫黄山）
硫黄山から産出する硫黄の輸送用に敷設された旧釧路鉄道（1897年開業）の遺構。1世紀以上前の線路がレストハウス裏にわずかに残っている
旧北見相生駅
相生鉄道公園
北見相生駅構内につくられた公園。駅舎、ホーム、線路、駅名標などを修復し、往時の様子を再現。客車を利用した無料の宿泊施設もある
【網走バス】
【網走交通バス】
【阿寒バス】
【北海道北見バス】
知床斜里
東釧路

1:300,000

0 2 4 6 8 10km

地図上の1センチは3.0キロメートル

鉄道施設
景観

車両基地（全般検査可能） 信号場・信号所 スイッチバック 鉄道博物館 車両展示
車両基地 デッドセクション ループ線 鉄道記念館 廃線跡
車両製造工場 急勾配 大カーブ 鉄道記念碑 ロケ地

路線

新幹線
2.0km 駅間距離
JR複線
JR単線
私鉄複線
私鉄単線
貨物線
新交通・モノレール
ケーブルカー
ロープウェイ
廃線
バス
カーフェリー
旅客船

網走
オホーツク海
小清水原生花園
はまこしみず 9605-0070 浜小清水
やむべつ 9605-0080 止別
浜小清水原生花園
原生花園の中を走る列車
オホーツク海と斜里岳をバックに走る列車
車窓に広がるオホーツク海。冬は流氷を見ることもできる
オホーツク海の眺望。冬季は流氷に覆われる
9605-0090 しれとこしゃり 知床斜里
知床博物館
以久科原生花園
【網走バス】 網走駅前～斜里駅前
げんせいかえん 9605-0060 原生花園(臨)
網走市
みなみしゃり 9605-0110 南斜里
なかしゃり 中斜里 9605-0100
きよさとちょう 9605-0120 清里町
斜里郡 斜里町
海別岳 1410
旧国鉄根北線(未成線)越川橋梁
斜里郡 小清水町
さっつる 9605-0130 札弦
パパスランドさっつる
斜里岳 百名山 1547
JR 釧網本線 東釧路～網走
斜里郡 清里町
9605-0140 みどり 緑
根北峠
サマッケヌプリ山 1063
標津岳 1062
俣落岳 1004
武佐岳 1006
屈斜路湖
川湯
旧釧路鉄道線路跡（跡佐登硫黄山）
硫黄山から産出する硫黄の輸送用に敷設された旧釧路鉄道（1897年廃止）の遺構。1世紀以上昔の線路がレストハウス裏にわずかに残っている
【阿寒バス】 川湯温泉駅～川湯温泉
硫黄山 512 エゾイソツツジ
かわゆおんせん 9605-0150 川湯温泉
摩周湖
カムイシュ島
カムイヌプリ(摩周岳) 855
西別岳 800
温泉富士 660
養老牛
標津郡 中標津町
根室中標津空港
びるわ 美留和 9605-0160
【阿寒バス】 弟子屈(摩周温泉)～川湯温泉
【阿寒バス】 弟子屈(摩周温泉)～和琴半島
【阿寒バス】 摩周駅前～摩周湖第1展望台
川上郡 弟子屈町
美羅尾山 554
ましゅう 9605-0170 摩周
計根別
上春別
廃線 JR標津線 標茶～根室標津 廃:1989.4.30
D5127
旧西春別駅
別海町鉄道記念館
旧西春別駅跡に整備された鉄道記念公園内にある記念館。標津線ゆかりの品々や資料などを展示。D51形蒸気機関車やラッセル車も屋外展示されている
【阿寒バス】 釧路駅前～鐘
みなみてしかが 9605-0180 南弟子屈
いそぶんない 磯分内 9605-0190
川上郡 標茶町
泉川
光進
東釧路

その他鉄道施設
撮影ポイント
絶景ポイント

駅・施設の付属情報

1234-5678 駅コード
ご利用案内 表紙裏ページ

特急停車駅 / 列車交換 / スイッチバック / ループ線 / 頭端式ホーム / 転車台 / 扇形車庫 / デッドセクション / みどりの窓口 / レンタカー / 駅弁 / 多目的トイレ / 入浴施設 / 立食そば / 駅スタンプ / 硬券入場券 / 発車音楽 / 駅ビル / 重要文化財 / 登録有形文化財 / 近代化産業遺産 / 鉄道記念物 / 北海道遺産

7
16
目梨郡
羅臼町
春日
羅臼峠
峯浜
陸志別川
植別川
崎無異川
薫別
薫別川
古多糠
標津郡
標津町
忠類川
忠類
伊茶仁
伊茶仁川
ポー川
標津川
根室標津
旧根室標津駅
標駅があった場所は、現在はただの広い空き地。
修復保存されている転車台や線路跡が残るだけ。
そのうらぶれた風情が、かえって旅情を誘う
川北
廃線 JR標津線
標茶～根室標津
廃:1989.4.30
上武佐
武佐川
茶志骨
【阿寒バス】
標津バスターミナル～白鳥台
【阿寒バス】
標津バスターミナル～標茶駅前
白鳥飛来地
野付
ハマナス
野付湾
尾岱沼
トドワラ
トド原
竜神湾
野付半島
尾岱沼
新所の島
ヤウンノウ島
センダイハギ
ボッコ沼
竜神崎
白鳥飛来地
クロユリ
ハマナス
エゾカンゾウ
ノデット島
野付崎
C11209
中標津町交通センター展示室
旧中標津駅の跡地に設けられた路線バスの
ターミナル内にある展示室。中標津駅で使って
いた備品などを見ることができる
当幌川
中標津
エトンナイ川
協和
春別川
春別
野付国道
床丹川
中春別
美原
床丹
廃線 JR標津線
中標津～厚床
廃:1989.4.30
豊原
平糸
茨散沼
【根室交通】
中標津ターミナル～厚床
野付郡
別海町
別海
西別川
兼金沼
本別海
中西別
パイロット国道
ポンヤウシュベツ川
ヤウシュベツ川
別海
風蓮湖
走古丹
厚床
根室海峡
野付水道
ハッチャス崎
泊山
543
国後郡
泊村
国後島
東沸湖
一菱内湖
ポンタルベツ川
ケラムイ湖
ケラムイ崎
根室市
根室湾
弁天島
145°10′
43°37′
F
G
H
I
J
1
2
3
4
5
6
7

1:300,000

0 2 4 6 8 10km

地図上の1センチは3.0キロメートル

鉄道施設景観

車両基地（全般検査可能） 信号場・信号所 スイッチバック 鉄道博物館 車両展示
車両基地 デッドセクション ループ線 鉄道記念館 廃線跡
車両製造工場 急勾配 大カーブ 鉄道記念碑 ロケ地

函館本線
札沼線
国鉄手宮線
国鉄岩内線
国鉄胆振線

18
長万部

路線

新幹線
2.0km 駅間距離
JR複線
JR単線
私鉄複線
私鉄単線
貨物線
新交通・モノレール
ケーブルカー
ロープウェイ
廃線
バス
カーフェリー
旅客船

その他鉄道施設
撮影ポイント
絶景ポイント

駅・施設の付属情報

1234-5678 駅コード
ご利用案内 表紙裏ページ

特急停車駅 / 列車交換 / スイッチバック / ループ線 / 頭端式ホーム / 転車台 / 扇形車庫 / デッドセクション / みどりの窓口 / レンタカー / 駅弁 / 多目的トイレ / 入浴施設 / 立食そば / 駅スタンプ / 硬券入場券 / 発車音楽 / 駅ビル / 重要文化財 / 登録有形文化財 / 近代化産業遺産 / 鉄道記念物 / 北海道遺産

F
G
H
I
J
8
13
18
19
石狩湾
石狩川
石狩市
当別町
JR 札沼線(学園都市線)
桑園～新十津川
いしかりふとみ
石狩太美
広々とした田園の中を走る列車
あいの里教育大
あいの里公園
拓北
篠路
百合が原
太平
廃線 国鉄手宮線
南小樽～手宮
廃:1985.11.5
小樽
南小樽
小樽築港
17
塩谷
蘭島
小樽天狗山ロープウエイ
朝里
銭函
星置
稲穂
手稲
ほしみ
JR北海道札幌運転所
JR 函館本線
函館～旭川
サッポロテイネ
小樽市
手稲区
西区
北区
東区
稲積公園
発寒
発寒中央
琴似
新川
八軒
新琴似
札幌
桑園
苗穂
白石
平和
厚別
新札幌
白石区
中央区
豊平区
清田区
もいわ山ロープウェイ
山麓～山頂(2011.4まで休止中)
26
手稲山ロープウェイ
キロロゴンドラ
山麓～山頂終点
赤井川村
余市岳
札幌市
定山渓温泉
定山渓
定山渓郷土博物館
定山渓温泉の歴史や人々の暮らしをテーマにした博物館。とくに定山渓の発展を支えた定山渓鉄道に関する展示が充実
南区
豊平峡
定山湖
札幌岳
中山峠
京極町
廃線 国鉄胆振線
伊達紋別～倶知安
廃:1986.11.1
東京極
南京極
ふきだし公園
羊蹄のふきだし湧水
伊達市
北広島市
恵庭市
【北海道中央バス】
札幌駅前ターミナル～支笏湖
【じょうてつ】
札幌駅～豊平峡温泉
【JRバス】
札幌駅前バスターミナル～キロロリゾート
伊達紋別

1:300,000
0 2 4 6 8 10km
地図上の1センチは3.0キロメートル

鉄道施設景観
車両基地（全般検査可能）
車両基地
車両製造工場
信号場・信号所
デッドセクション
急勾配
スイッチバック
ループ線
大カーブ
鉄道博物館
鉄道記念館
鉄道記念碑
車両展示
廃線跡
ロケ地

函館本線
室蘭本線
根室本線
富良野線
札沼線
千歳線
石勝線

路線
新幹線
2.0km 駅間距離
JR複線
JR単線
私鉄複線
私鉄単線
貨物線
新交通・モノレール
ケーブルカー
ロープウェイ
廃線
バス
カーフェリー
旅客船

その他鉄道施設
撮影ポイント
絶景ポイント

駅・施設の付属情報

1234-5678 駅コード
ご利用案内 ⇨ 表紙裏ページ

特急停車駅 / 列車交換 / スイッチバック / ループ線 / 頭端式ホーム / 転車台 / 扇形車庫 / デッドセクション / みどりの窓口 / レンタカー / 駅弁 / 多目的トイレ / 入浴施設 / 立食そば / 駅スタンプ / 硬券入場券 / 発車音楽 / 駅ビル / 重要文化財 / 登録有形文化財 / 近代化産業遺産 / 鉄道記念物 / 北海道遺産

JR根室本線
滝川～根室
JR富良野線
旭川～富良野
JR石勝線
南千歳～新得
JR石勝線(夕張支線)
新夕張～夕張
JR室蘭本線
長万部～岩見沢
廃線 JR幌内線
三笠～幾春別
廃：1987.7.13
廃線 国鉄万字線
志文～万字炭山
廃：1985.4.1
廃線 三菱大夕張鉄道
清水沢～南大夕張
廃：1987.7.22
廃線 国鉄夕張線登川支線
紅葉山～登川
廃：1981.7.1
廃線 国鉄富内線
鵡川～日高町
廃：1986.11.1
奈井江 9610-0110
茶志内 9610-0120
中富良野 9612-0150
ラベンダー畑(臨) 9612-0140
鹿討 9612-0160
学田 9612-0170
島ノ下 9609-0090
富良野 9609-0100
布部 9609-0110
山部 9609-0120
下金山 9609-0130
金山 9609-0140
夕張 9616-0060
鹿ノ谷 9616-0050
清水沢 9616-0040
南清水沢 9616-0030
沼ノ沢 9616-0020
新夕張 9616-0010
川端 9603-0040
滝ノ上 9603-0050
十三里 9603-0060
占冠 9603-0080
ファーム富田の彩の畑から、ラベンダーと列車
十勝岳を背景に走る上り列車
落葉松林の間を走る特急列車
「北の国から」
81年の第1話、ドラマの冒頭で家族が降り立った駅
【占冠村営】占冠駅前～富良野駅前
【占冠村営バス】富良野駅前～占冠駅前
【日高町営バス】日高総合支所～占冠駅
【道南バス】苫小牧駅前～日高ターミナル
【道南バス】富川駅前～日高ターミナル
クロフォード公園
旧三笠駅跡に整備された、三笠鉄道記念館の分館的位置づけの鉄道公園。園名は官営幌内鉄道の建設を指導した、外国人技師J.Uクロフォードにちなんで名づけられた
旧幌内駅
三笠鉄道記念館
北海道初の鉄道、官営幌内鉄道に関する膨大な資料を展示。屋外には蒸気機関車や気動車特急をはじめ、50両以上の車両を動・静態保存
鐵原コークスS-304、59609、C122、DD13353、DD141、DD1517、DD1615、DD51548
旧万字駅
万字線鉄道資料館
万字炭坑の石炭を輸送するため建設された万字線に関する資料館。万字線関連の車両プレートや車両部品、工具、制服などを展示
旧夕張鉄道線路跡(3段スイッチバック)
石炭の歴史村SL館
SLをかたどった建物の中に、石炭の輸送に活躍した夕張鉄道14号や三菱大夕張鉄道4号機などの蒸気機関車をはじめ、さまざまな鉄道関係資料を展示
旧夕張鉄道ナハニフ151号
旧南大夕張駅
マウントレースイスキー場
富良野スキー場
清風山信号場
東オサワ信号場
楓信号場
滝ノ下信号場
オサワ信号場
東占冠信号場
滝里トンネル 5595m
島ノ下トンネル 2839m
空知トンネル 2255m
第2空知川橋梁 261m
鬼峠トンネル 3765m
新登川トンネル 5825m
登川トンネル 5700m
夕張川橋梁 362m
芦別市
三笠市
夕張市
富良野市
美唄市
南富良野町
中富良野町
奈井江町
上砂川町
むかわ町
厚真町
平取町
日高町
占冠村
芦別岳
夕張岳
富良野西岳
かなやま湖
シューパロ湖

1:300,000
0 2 4 6 8 10km
地図上の1センチは3.0キロメートル

鉄道施設
景観

車両基地(全般検査可能)
車両基地
車両製造工場
信号場・信号所
デッドセクション
急勾配
スイッチバック
ループ線
大カーブ
鉄道博物館
鉄道記念館
鉄道記念碑
車両展示
廃線跡
ロケ地

根室本線
富良野線
石勝線
国鉄士幌線
国鉄広尾線
北海道ちほく高原鉄道

路線

新幹線
駅間距離
JR複線
JR単線
私鉄複線
私鉄単線
貨物線
新交通・モノレール
ケーブルカー
ロープウェイ
廃線
バス
カーフェリー
旅客船

その他鉄道施設
撮影ポイント
絶景ポイント

駅・施設の付属情報

1234-5678 駅コード

ご利用案内 ➡ 表紙裏ページ

特急停車駅 / 列車交換 / スイッチバック / ループ線 / 頭端式ホーム / 転車台 / 扇形車庫 / デッドセクション / みどりの窓口 / レンタカー / 駅弁 / 多目的トイレ / 入浴施設 / 立食そば / 駅スタンプ / 硬券入場券 / 発車音楽 / 駅ビル / 重要文化財 / 登録有形文化財 / 近代化産業遺産 / 鉄道記念物 / 北海道遺産

F
G
H
I
J
9
10
15
20
21
143°10′ 十勝三股
143°10′ 広尾
タウシュベツ川橋梁
士幌線旧線に建設された11連のアーチ橋。糠平湖の水位によりその姿を変える「幻の橋」
糠平湖
糠平ダム(仮)
電力所前(仮)
糠平
ぬかびら源泉郷
上士幌町鉄道資料館
写真パネルや保線用具、備品類、当時駅員が着ていた制服などを展示。入館料100円
第三音更川橋梁
北海道遺産前期の鉄道コンクリートアーチ橋では最大径間を誇る
黒石平
ウペペサンケ山 ▲1848
丸山 ▲1692
▲1081 幌鹿峠
清水谷
河東郡 上士幌町
【十勝バス】帯広駅バスターミナル～ぬかびら源泉郷スキー場前
足寄郡 足寄町
菅野
山田
ナイタイ山 ▲1332
然別湖
然別湖畔
ナイタイ高原牧場
ナイタイ高原
萩ケ岡
トムラウシ第二トンネル
▲1174 天望山
白樺峠 ▲900
▲1252 東ヌプカウシヌプリ
新田牧場 ミズバショウ
十勝ダム
オソウシ
上音更
上士幌
居辺山 ▲428
活込貯水池
シバザクラ 里見が丘公園
西美里別
北平和
河東郡 士幌町
【北海道拓殖バス】新得駅前～トムラウシ温泉
【北海道拓殖バス】帯広駅前～然別湖畔
瓜幕
東瓜幕
士幌交通公園
旧士幌駅舎、レール跡、複数の車両を保存。町の史跡に指定された記念公園
士幌
道の駅 ピア21しほろ
廃線 国鉄士幌線
帯広～糠平
廃：1987.3.23
新士幌(仮)
中士幌
下居辺
中川郡 本別町
河東郡 鹿追町
拓殖鉄道8622
神田日勝記念美術館
【北海道拓殖バス】帯広駅前～上士幌
【北海道拓殖バス】帯広駅前～新得駅前
勇足
十勝牧場
武儀
駒場
三菱自動車工業 十勝研究所
【十勝バス】帯広駅バスターミナル～陸別
大森
廃線 北海道ちほく高原鉄道 (ふるさと銀河線)
池田～北見
廃：2006.4.21
高島
河東郡 音更町
音更
長流枝PA
道東自動車道
中川郡 池田町
十勝平原SA
芽室
帯広Jct
筒井
JR北海道帯広運転所
JR貨物帯広駅
【十勝バス】帯広駅バスターミナル～十勝川温泉南
様舞
JR 根室本線
滝川～根室
御影 9609-0210
十勝川温泉
利別 9609-0300
池田 9609-0310
上芽室信号場
柏林台 9609-0250
帯広 9609-0260
エスタ帯広
745m 十勝川橋梁
0系新幹線電車
大成 9609-0230
西帯広 9609-0240
424m 第1札内川橋梁
稲士別 9609-0280
幕別 9609-0290
芽室 9609-0220
美生川橋梁 205m
札内 9609-0270
明野ケ丘公園 シバザクラ
昭栄信号場
帯広の森
帯広市
中川郡 幕別町
十弗 9609-0320
廃線 国鉄広尾線
帯広～広尾
廃：1987.2.2
河西郡 芽室町
【十勝バス】帯広駅バスターミナル～広尾
愛国
愛国交通記念館
旧愛国駅
旧愛国駅の駅舎を利用した記念館。「愛の国から幸福へ」のきっぷをはじめ、愛国駅にまつわる資料を展示。ホームには9600形蒸気機関車を保存
中川郡 豊頃町
釧路
北見

1:300,000

0 2 4 6 8 10km

地図上の1センチは3.0キロメートル

鉄道施設景観

車両基地（全般検査可能）　信号場・信号所　スイッチバック　鉄道博物館　車両展示
車両基地　デッドセクション　ループ線　鉄道記念館　廃線跡
車両製造工場　急勾配　大カーブ　鉄道記念碑　ロケ地

釧網本線
根室本線
国鉄白糠線
北海道ちほく高原鉄道

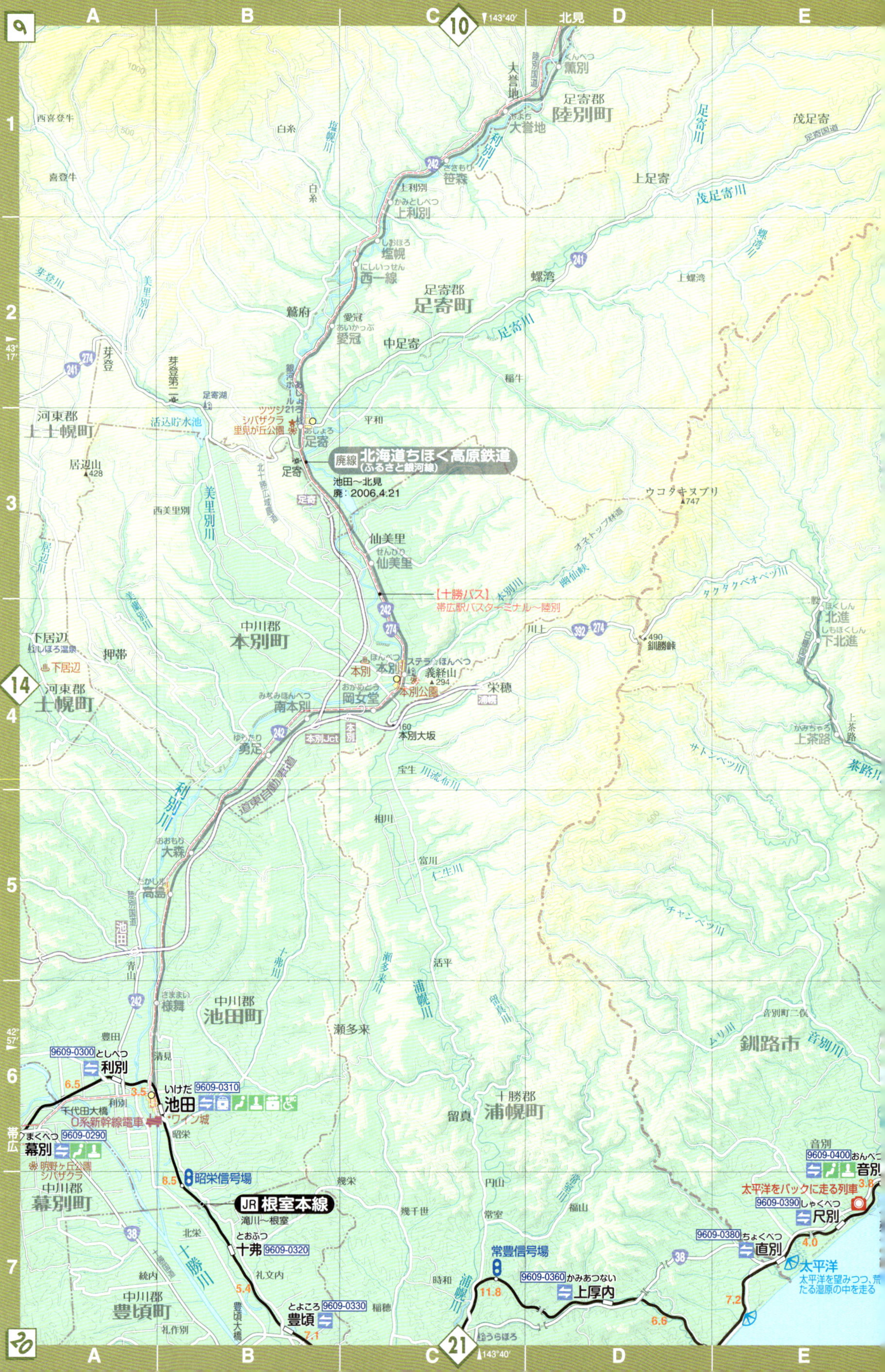
9
10
14
20
21
143°40′
北見
陸別町
足寄郡
薫別
大誉地
笹森
上利別
塩幌
西一線
足寄郡
足寄町
愛冠
中足寄
上足寄
茂足寄
螺湾
芽登
河東郡
上士幌町
活込貯水池
ツツジ
シバザクラ
里見が丘公園
足寄
平和
廃線 北海道ちほく高原鉄道
（ふるさと銀河線）
池田〜北見
廃 2006.4.21
居辺山 ▲428
西美里別
美里別川
仙美里
【十勝バス】
帯広駅バスターミナル〜陸別
ウコタキヌプリ ▲747
中川郡
本別町
本別
義経山 ▲294
本別公園
栄穂
岡女堂
南本別
勇足
本別Jct
本別大坂
下居辺
押帯
下居辺
河東郡
士幌町
川上
▲490 釧勝峠
北進
下北進
上茶路
利別川
大森
高島
道東自動車道
仁生川
活平
中川郡
池田町
様舞
瀬多来
釧路市
音別川
9609-0300 としべつ
利別
6.5
3.5
いけだ 9609-0310
池田
千代田大橋
0系新幹線電車
ワイン城
十勝郡
浦幌町
留真
帯広
まくべつ 9609-0290
幕別
明野ケ丘公園
シバザクラ
中川郡
幕別町
8.5
昭栄信号場
JR 根室本線
滝川〜根室
とおふつ
十弗 9609-0320
十勝川
5.4
中川郡
豊頃町
とよころ 9609-0330
豊頃
7.1
常豊信号場
11.8
9609-0360 かみあつない
上厚内
6.6
9609-0380 ちょくべつ
直別
4.0
7.2
9609-0390 しゃくべつ
尺別
3.8
9609-0400 おんべつ
音別
太平洋をバックに走る列車
太平洋
太平洋を望みつつ、荒たる湿原の中を走る
A
B
C
D
E
1
2
3
4
5
6
7

路線

新幹線
2.0km 駅間距離
JR複線
JR単線
私鉄複線
私鉄単線
貨物線
新交通・モノレール
ケーブルカー
ロープウェイ
廃線
バス
カーフェリー
旅客船

その他鉄道施設
撮影ポイント
絶景ポイント

駅・施設の付属情報

1234-5678 駅コード
ご利用案内 表紙裏ページ

特急停車駅 / 列車交換 / スイッチバック / ループ線 / 頭端式ホーム / 転車台 / 扇形車庫 / デッドセクション / みどりの窓口 / レンタカー / 駅弁 / 多目的トイレ / 入浴施設 / 立食そば / 駅スタンプ / 硬券入場券 / 発車音楽 / 駅ビル / 重要文化財 / 登録有形文化財 / 近代化産業遺産 / 鉄道記念物 / 北海道遺産

F
G
H
I
J
10
21
16
1
2
3
4
5
6
7
144°10′
43°17′
42°57′
摩周
標茶
根室
川上郡
弟子屈町
みなみてしかが
9605-0180 南弟子屈
JR 釧網本線
東釧路～網走
いそぶんない
9605-0190 磯分内
6.5
10.6
雌阿寒岳
▲1499
阿寒富士
▲1476
百名山
新幌呂雌牛育成牧場
阿寒川
川上郡
標茶町
阿寒郡
鶴居村
こじっこく
9605-0210 五十石
8.5
5.3
かやぬま
9605-0220 茅沼
JR 釧網本線
東釧路～網走
シラルトロエトロ
7.0
白鳥飛来地
とうろ
9605-0230 塘路
塘路湖
7.2
釧路湿原
どこまでも広がる釧路湿原。冬にはタンチョウヅルを見られることも
ほそおか
細岡 9605-0240
2.4
くしろしつげん
釧路湿原
9605-0250
7.3
とおや
遠矢 9605-0260
釧路郡
釧路町
雄別鉄道記念碑
1970年に廃止されるまで、雄別炭鉱で産出される石炭の輸送と住民の足を支えた雄別鉄道。その拠点駅だった雄別炭山駅の跡地に立つ記念碑
雄別炭鉱鉄道跡
【阿寒バス】
釧路駅前～阿寒湖畔
【阿寒バス】
釧路駅前～新幌呂
中幌呂
【阿寒バス】
釧路駅前～鶴居市街
釧路市
阿寒
丹頂の里 タンチョウ観察センター
炭鉱と鉄道館［雄鶴駅］ C1165
雄別炭鉱や旧雄別鉄道関係の資料館。「雄鶴駅」と名乗っているが、雄別鉄道に同名の駅は存在しない。屋外にC11形蒸気機関車が展示されている
音100選
鶴居のタンチョウサンクチュアリ
ワタスゲ
イソツツジ
ガンコウラン
ヒメシャクナゲ
釧路湿原
白糠郡
白糠町
廃線 国鉄白糠線
白糠～北進
廃：1983.10.23
縫別
茶路
共栄（仮）
上白糠
【阿寒バス】
釧路駅前～山花温泉リフレ
山花
丹頂鶴自然公園
たんちょう釧路空港
JR北海道釧路運輸車両所
JR貨物新富士駅
釧路製作所
【阿寒バス】
釧路駅前～昆布森
JR 根室本線（花咲線）
滝川～根室（釧路～根室）
9605-0270
ひがしくしろ
東釧路
7.4
4.5
別保
べっぽ
別保 9605-0510
14.7
9609-0460
しんおたのしけ
新大楽毛
おたのしけ 9609-0450
大楽毛
4.9
1.6
東庶路信号場
釧路白糠
10.4
9609-0470 しんふじ
新富士
かおり100選 釧路の海霧（うみぎり）
2.9
1.2
むさ
武佐 9609-0500
はるとり
春採
しれとこ
知人
9609-0480 くしろ
釧路
太平洋石炭販売輸送春採機関区
【くしろバス】
釧路駅前～霧多布温泉ゆうゆ
釧路市立博物館
昆布森
貨物 太平洋石炭販売輸送臨港線
春採～知人
9609-0430 にししょろ
西庶路
しょろ
庶路 9609-0440
2.1
5.4
JR 根室本線
滝川～根室
9609-0410
ふるせ
古瀬
6.3
しらぬか 9609-0420
白糠
白糠線記念館
湿原の中を走る上り列車
9.7
太平洋

1:300,000

0 2 4 6 8 10km

地図上の1センチは3.0キロメートル

鉄道施設
景観

- 車両基地（全般検査可能）
- 車両基地
- 車両製造工場
- 信号場・信号所
- デッドセクション
- 急勾配
- スイッチバック
- ループ線
- 大カーブ
- 鉄道博物館
- 鉄道記念館
- 鉄道記念碑
- 車両展示
- 廃線跡
- ロケ地

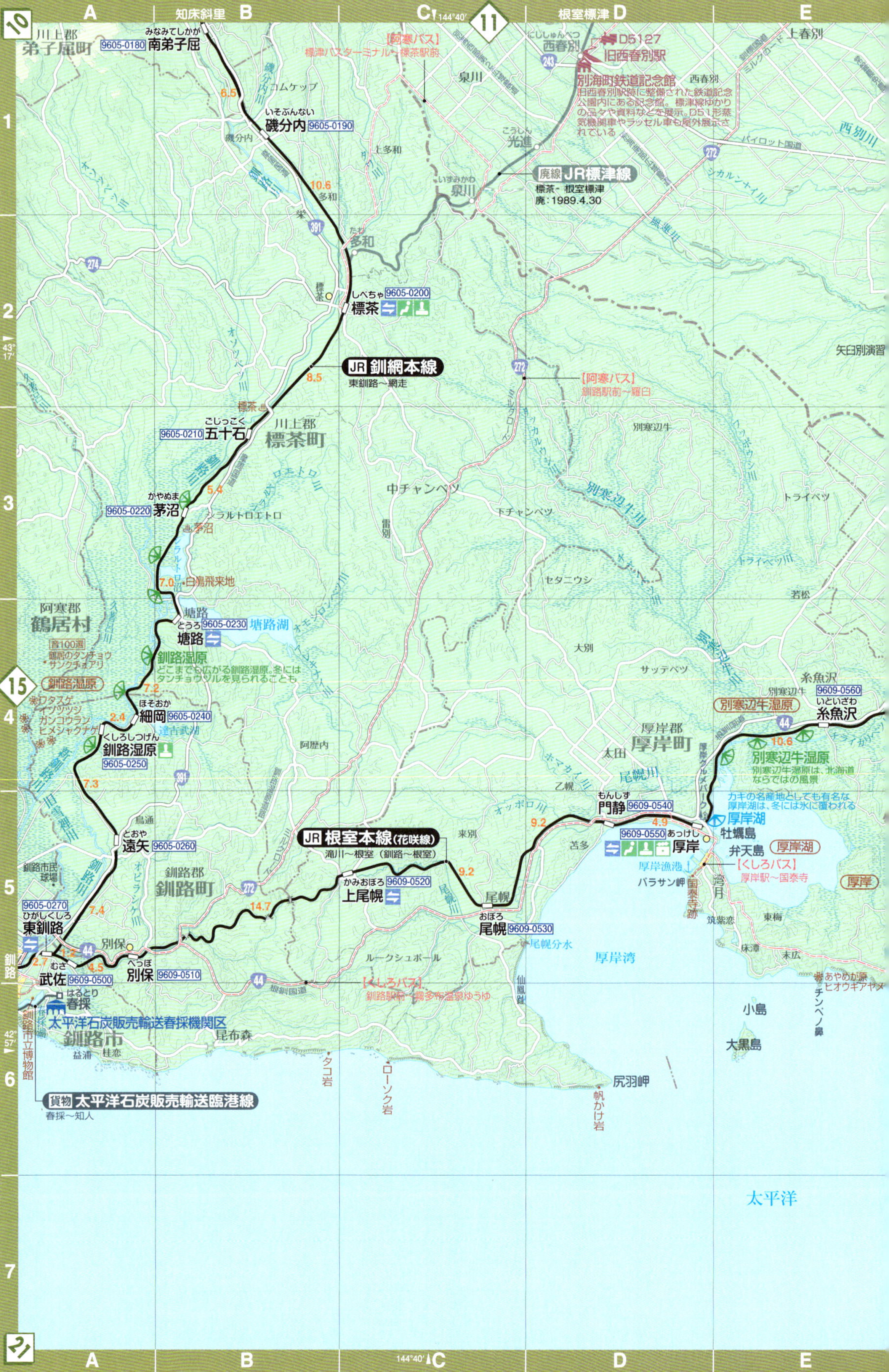

A
知床斜里 B
C 144°40′
11
根室標津 D
E
10
川上郡
弟子屈町
9605-0180 南弟子屈
みなみてしかが
6.5
いそぶんない
磯分内 9605-0190
10.6
多和
たわ
【阿寒バス】
標津バスターミナル～標茶駅前
泉川
にしいしゅんべつ
西春別
D5127
旧西春別駅
別海町鉄道記念館
旧西春別駅跡に整備された鉄道記念公園内にある記念館。標津線ゆかりの品々や資料などを展示。D51形蒸気機関車やラッセル車も屋外展示されている
西春別
上春別
こうしん
光進
いずみかわ
泉川
廃線 JR標津線
標茶～根室標津
廃：1989.4.30
西別川
しべちゃ 9605-0200
標茶
JR 釧網本線
東釧路～網走
8.5
【阿寒バス】
釧路駅前～羅臼
矢臼別演習
こじっこく
9605-0210 五十石
川上郡
標茶町
中チャンベツ
下チャンベツ
別寒辺牛川
トライベツ
かやぬま
9605-0220 茅沼
5.4
シラルトロエトロ
茅沼
7.0
白鳥飛来地
セタニウシ
阿寒郡
鶴居村
とうろ 9605-0230
塘路
塘路湖
釧路湿原
どこまでも広がる釧路湿原。冬にはタンチョウヅルを見られることも
15
釧路湿原
大別
サッテベツ
糸魚沢
いといざわ
9609-0560
糸魚沢
別寒辺牛湿原
7.2
ほそおか
細岡 9605-0240
2.4
くしろしつげん
釧路湿原
9605-0250
阿歴内
厚岸郡
厚岸町
太田
10.6
別寒辺牛湿原
別寒辺牛湿原は、北海道ならではの風景
7.3
とおや
遠矢 9605-0260
JR 根室本線（花咲線）
滝川～根室（釧路～根室）
もんしず
門静 9609-0540
4.9
9.2
カキの名産地としても有名な厚岸湖は、冬には氷に覆われる
厚岸湖
牡蠣島
9609-0550 あっけし
厚岸
弁天島
厚岸湖
【くしろバス】
厚岸駅～国泰寺
厚岸漁港
バラサン岬
国泰寺跡
湾月
厚岸
釧路郡
釧路町
9.2
かみおぼろ 9609-0520
上尾幌
尾幌
おぼろ
尾幌 9609-0530
尾幌分水
厚岸湾
9605-0270
ひがしくしろ
東釧路
7.4
14.7
別保
べっぽ
別保 9609-0510
ルークシュポール
2.7
むさ
武佐 9609-0500
4.5
【くしろバス】
釧路駅前～厚岸駅・霧多布温泉ゆうゆ
はるとり
春採
太平洋石炭販売輸送春採機関区
釧路市
昆布森
小島
大黒島
尻羽岬
帆かけ岩
タコ岩
ローソク岩
貨物 太平洋石炭販売輸送臨港線
春採～知人
太平洋
21
A B 144°40′ C D E

路線

- 新幹線
- 2.0km 駅間距離
- JR複線
- JR単線
- 私鉄複線
- 私鉄単線
- 貨物線
- 新交通・モノレール
- ケーブルカー
- ロープウェイ
- 廃線
- バス
- カーフェリー
- 旅客船

その他鉄道施設
撮影ポイント
絶景ポイント

駅・施設の付属情報

1234-5678 駅コード
ご利用案内 表紙裏ページ

特急停車駅 / 列車交換 / スイッチバック / ループ線 / 頭端式ホーム / 転車台 / 扇形車庫 / デッドセクション / みどりの窓口 / レンタカー / 駅弁 / 多目的トイレ / 入浴施設 / 立食そば / 駅スタンプ / 硬券入場券 / 発車音楽 / 駅ビル / 重要文化財 / 登録有形文化財 / 近代化産業遺産 / 鉄道記念物 / 北海道遺産

1:300,000
0 2 4 6 8 10km
地図上の1センチは3.0キロメートル

鉄道施設
景観

車両基地（全般検査可能）
車両基地
車両製造工場
信号場・信号所
デッドセクション
急勾配
スイッチバック
ループ線
大カーブ
鉄道博物館
鉄道記念館
鉄道記念碑
車両展示
廃線跡
ロケ地

小樽 周辺図 12
1:50,000 0 500m
高島
赤岩
高台寺
新高島トンネル
旧手宮機関庫
保存車両/蒸気機関車「大勝号」
新正寺
旧手宮鉄道施設
高島漁港
しづか号機関車、い1号客車、大勝号機関車、キ601号回転雪かき車、キ800号、かき寄せ雪かき車、キハ031号気動車
梅ケ枝町
てみや
手宮(貨)
手宮公園
手宮
手宮洞窟保存館
旧手宮駅、機関車庫
北海道鉄道発祥の地碑、北海道鉄道開通起点の碑
北海道鉄道開通起点標
小樽観光振興公社
（祝津～小樽）
石山町
旧日本郵船
旧手宮機関車庫、転車台
旧手宮線手宮駅跡に立つ総合博物館。北海道の鉄道発祥の地ということもあり、鉄道関係の展示が充実。現存する日本最古の機関庫をはじめ、転車台や数多くの歴史的車両を保存
小樽市総合博物館
錦町
ポーター3（アイアンホース号）、7106しづか号準、7150大勝号準、C126、C5550、ED75501、ED76509、DD13611、DD14323、DD1537、DD1617
色内
稲穂
廃線 国鉄手宮線
南小樽～手宮
廃：1985.11.5
7.7
いろない
色内（仮）
小樽運河
旧安田銀行
新日本海フェリー（小樽～新潟・舞鶴）
43° 12′
旧色内駅
小樽港
おたる
小樽
富岡
本屋、プラットホーム
9610-0430
旧国鉄手宮線線路跡
小樽署
手宮線は、北海道初、日本でも3番目に古い官営幌内鉄道の一部。その線路跡が散策路として整備されており、レールや踏切などの設備も数多く残っている
合同庁舎
東雲町
ヴェネツィア美術館
水天宮
JR 函館本線
函館～旭川
裁判所
花園
1.6
オルゴール堂
小樽市役所
有幌町
築港
みなみおたる
南小樽
2009年の映画/小樽市の高校が舞台「ハルフウェイ」
小樽公園
信香町
9610-0420
裕次郎記念館
小樽市
JR貨物小樽築港ORS
東小樽海水浴場
入船
2.1
おたるちっこう
9610-0410
小樽築港
住吉神社
新富町
小樽IC
龍徳寺
札樽自動車道
平磯公園
42° 37′
139°40′
日本海
新日本海フェリー（舞鶴～小樽）
良瑠石川
水垂岬
尾花岬
A B C D E
1 2 3 4 5 6 7

路線
新幹線
2.0km 駅間距離
JR複線
JR単線
私鉄複線
私鉄単線
貨物線
新交通・モノレール
ケーブルカー
ロープウェイ
廃線
バス
カーフェリー
旅客船

23

その他鉄道施設
撮影ポイント
絶景ポイント

駅・施設の付属情報

1234-5678 駅コード
ご利用案内 ⇨ 表紙裏ページ

特急停車駅 / 列車交換 / スイッチバック / ループ線 / 頭端式ホーム / 転車台 / 扇形車庫 / デッドセクション / みどりの窓口 / レンタカー / 駅弁 / 多目的トイレ / 入浴施設 / 立食そば / 駅スタンプ / 硬券入場券 / 発車音楽 / 駅ビル / 重要文化財 / 登録有形文化財 / 近代化産業遺産 / 鉄道記念物 / 北海道遺産

1:300,000

0 2 4 6 8 10km

地図上の1センチは3.0キロメートル

鉄道施設 景観

車両基地(全般検査可能) / 車両基地 / 車両製造工場 / 信号場・信号所 / デッドセクション / 急勾配 / スイッチバック / ループ線 / 大カーブ / 鉄道博物館 / 鉄道記念館 / 鉄道記念碑 / 車両展示 / 廃線跡 / ロケ地

函館本線

室蘭本線

国鉄胆振線

国鉄瀬棚線

12
17
24
23
A B C D E
1 2 3 4 5 6 7
140°40′
42° 37′
JR 函館本線
函館～旭川
JR 室蘭本線
長万部～岩見沢
廃線 国鉄瀬棚線
国縫～瀬棚
廃：1987.3.16
【ニセコバス】
岩内ターミナル～寿都ターミナル
【ニセコバス】
ニセコ駅前～五色温泉郷
【ニセコバス】
倶知安駅前～アンヌプリスキー場
【ニセコバス】
ニセコ駅前～蘭越出張所
【ニセコバス】
寿都ターミナル～長万部駅
【道南バス】
倶知安駅前～ルスツリゾート
【道南バス】
伊達駅前～豊浦駅前
【道南バス】
洞爺駅～洞爺湖温泉
【函館バス】
長万部ターミナル～瀬棚市街
ニセコアンヌプリゴンドラ
山麓～山頂
ニセコグランヒラフ
ゴンドラ山麓～ヒュッテキングベル
くっちゃん 倶知安 9610-0510
ひらふ 比羅夫 9610-0520
にせこ ニセコ 9610-0530
こんぶ 昆布 9610-0540
らんこし 蘭越 9610-0550
めな 目名 9610-0560
ねっぷ 熱郛 9610-0570
くろまつない 黒松内 9610-0580
わらびたい 蕨岱 9610-0590
ふたまた 二股 9610-0600
おしゃまんべ 長万部 9610-0610
なかのさわ 中ノ沢 9610-0620
くんぬい 国縫 9610-0630
きたとよつ 北豊津 9610-0640
くろいわ 黒岩 9610-0650
やまさき 山崎 9610-0660
しずかり 静狩 9613-0420
こぼろ 小幌 9613-0410
れぶん 礼文 9613-0400
おおきし 大岸 9613-0390
とようら 豊浦 9613-0380
とうや 洞爺 9613-0370
うす 有珠 9613-0360
ながわ 長和 9613-0350
だてもんべつ 伊達紋別 9613-0340
北入江信号場
礼文の大カーブを行く下り列車
内浦湾を背景に走る上り列車
内浦湾と駒ケ岳を望む下り列車
6.7 7.0 9.3 6.9 7.6 15.4 8.1 5.4 6.0 8.6 4.6 4.9 4.5 3.8 6.1 4.1
6.9 6.1 4.1 8.4 5.4 5.1 4.9 10.6
寿都郡 寿都町
磯谷郡 蘭越町
寿都郡 黒松内町
虻田郡 ニセコ町
虻田郡 倶知安町
虻田郡 真狩村
虻田郡 豊浦町
山越郡 長万部町
二海郡 八雲町
ニセコ高原
ニセコ
ニセコアンヌプリ
ニセコアンヌプリ国際
ニセコマウンテンリゾートグラン・ヒラフ
ニセコモイワ
ニセコビレッジ
ニセコ新見
ニセコ湯本
ニセコ五色
(ニセコ東山温泉)
ニセコ昆布
ニセコ薬師
ニセコ湯の里
ワイスホルン
ワイス花園
共和町
羊蹄山
後方羊蹄山(羊蹄山)
1898
百名山
蝦夷富士とも呼ばれる羊蹄山の美しい山容を堪能
羊蹄山湧水
真狩フラワーセンター
雷電山
目国内岳
新見峠
白樺山
チセヌプリ
シャクナゲ岳
イワオヌプリ
長沼
大沼
昆布岳 1045
目名峠 214
らんこし・ふるさとの丘
尻別川
目名川
昆布川
朱太川
熱郛川
黒松内川
長万部川
紋別川
ルコツ川
シラリカ川
貫気別川
小鉾岸川
大岸トンネル 2154m
金山トンネル
道央自動車道
黒松内Jct
黒松内南
静狩PA
豊浦噴火湾PA
礼文華峠
イコリ岬
アルトリ岬
洞爺湖
洞爺湖温泉
洞爺湖温泉～昭和新山
ウィンザースノービレッジ
善光寺
有珠
長万部
旭浜
茶屋川
黒岩奇岩
寿都湾
シェルプラザ・港
港町
内浦湾(噴火湾)
八雲

路線

新幹線 / 駅間距離 2.0km / JR複線 / JR単線 / 私鉄複線 / 私鉄単線 / 貨物線 / 新交通・モノレール / ケーブルカー / ロープウェイ / 廃線 / バス / カーフェリー / 旅客船

その他鉄道施設
撮影ポイント
絶景ポイント

駅・施設の付属情報
1234-5678 駅コード
ご利用案内 ➡ 表紙裏ページ

特急停車駅 列車交換 スイッチバック ループ線 頭端式ホーム 転車台 扇形車庫 デッドセクション みどりの窓口 レンタカー 駅弁 多目的トイレ 入浴施設 立食そば 駅スタンプ 硬券入場券 発車音楽 駅ビル 重要文化財 登録有形文化財 近代化産業遺産 鉄道記念物 北海道遺産

12
13
19
24
札幌市
南区
恵庭市
千歳市
北広島市
京極町
喜茂別町
留寿都村
伊達市
洞爺湖町
壮瞥町
白老町
苫小牧市
登別市
室蘭市
支笏湖
洞爺湖
倶多楽湖
太平洋
中山峠
【北海道中央バス】
札幌駅前ターミナル～支笏湖
新千歳空港～支笏湖
廃線 国鉄胆振線
伊達紋別～倶知安
廃：1986.11.1
旧双葉小学校史料館鉄道消防史料室
廃校になった小学校の教室に鉄道や消防関係の資料を展示している。改札鉄や駅員の帽子、ホーム案内板などが並ぶ
【尾路遠(仮)】
【道南バス】
留寿都～洞爺湖温泉
洞爺湖温泉～洞爺水の駅
伊達駅前～倶知安駅前
伊達駅前～昭和新山
苫小牧駅前～登別温泉
登別温泉～サンライパスキー場
伊達駅発着
室蘭港～洞爺湖温泉
登別温泉～室蘭港
有珠山ロープウェイ
登別温泉ロープウェイ
のぼりべつクマ牧場
カルルス温泉サンライバ
白老臨海
樽前山をバックに牧場の馬と列車
海と列車を駅のホームから撮影できる。夕日が特にすばらしい
内浦湾、羊蹄山、有珠山、昭和新山が一つの画面に収まる下り列車
JR 室蘭本線
長万部～岩見沢
JR 室蘭本線(室蘭支線)
東室蘭～室蘭
JR貨物 萩野駅
JR貨物 陣屋町駅
JR貨物 東室蘭駅
JR貨物 鷲別機関区
JR貨物 本輪西駅
社台 9613-0180
白老 9613-0190
萩野 9613-0200
北吉原 9613-0210
竹浦 9613-0220
虎杖浜 9613-0230
登別 9613-0240
富浦 9613-0250
幌別 9613-0260
鷲別 9613-0270
東室蘭 9613-0280
本輪西 9613-0290
崎守 9613-0300
黄金 9613-0310
稀府 9613-0320
北舟岡 9613-0330
輪西 9617-0020
御崎 9617-0030
母恋 9617-0040
室蘭 9617-0050
室蘭市旧室蘭駅舎
1912年に建てられた現存する北海道最古の木造駅舎で、国の登録有形文化財。1997年に現在地に移設され、多目的ホールとして利用。かつての駅舎関係の展示品もある
D51560
チキウ岬灯台
金屏風
イタンキ浜
地球岬

1:300,000

0 2 4 6 8 10km

地図上の1センチは3.0キロメートル

鉄道施設
景観

車両基地（全般検査可能）
車両基地
車両製造工場
信号場・信号所
デッドセクション
急勾配
スイッチバック
ループ線
大カーブ
鉄道博物館
鉄道記念館
鉄道記念碑
車両展示
廃線跡
ロケ地

路線

新幹線
2.0km 駅間距離
JR複線
JR単線
私鉄複線
私鉄単線
貨物線
新交通・モノレール
ケーブルカー
ロープウェイ
廃線
バス
カーフェリー
旅客船

その他鉄道施設
撮影ポイント
絶景ポイント

駅・施設の付属情報

1234-5678 駅コード
ご利用案内 ⇨ 表紙裏ページ

特急停車駅 / 列車交換 / スイッチバック / ループ線 / 頭端式ホーム / 転車台 / 扇形車庫 / デッドセクション / みどりの窓口 / レンタカー / 駅弁 / 多目的トイレ / 入浴施設 / 立食そば / 駅スタンプ / 硬券入場券 / 発車音楽 / 駅ビル / 重要文化財 / 登録有形文化財 / 近代化産業遺産 / 鉄道記念物 / 北海道遺産

1:300,000
0 2 4 6 8 10km
地図上の1センチは3.0キロメートル

鉄道施設 景観

- 車両基地（全般検査可能）
- 車両基地
- 車両製造工場
- 信号場・信号所
- デッドセクション
- 急勾配
- スイッチバック
- ループ線
- 大カーブ
- 鉄道博物館
- 鉄道記念館
- 鉄道記念碑
- 車両展示
- 廃線跡
- ロケ地

A B C D E
1 2 3 4 5 6 7
13 14 19 22
142°40′
42°37′
勇払郡
占冠村
【日高町営バス】
日高総合支所～占冠駅
ひだかちょう
日高町
道の駅 樹海ロード日高
日高国際
富岡
沙流川
ひだかみつおか
日高三岡
ひだかいわない
日高岩内
廃線 国鉄富内線
鵡川～日高町
廃：1986.11.1
【道南バス】
苫小牧駅前～日高ターミナル
いわちし
岩知志
沙流川
にせう
仁世宇
鵡川
桂峠
310
沙流郡
平取町
平取スズラン群生地
千呂露川
沙流郡
日高町
ペンケヌーシ岳 1750
チロロ岳 1880
ルベシベ岳 1740
糠平山 1350
二岐山 1591
ピパイロ岳 1917
伏美岳 1792
芽室岳 1754
上川郡
清水町
剣山
伏美仙峡
戸蔦別岳 1959
戸蔦別川
ヌカンライ岳 1519
神威岳 1756
2053
幌尻岳
百名山
エサオマントッタベツ岳 1902
札内岳 1896
十勝幌尻岳 1846
新冠川
ナメワッカ岳 1799
イドンナップ岳 1752
リビラ山 1291
新冠湖
新冠ダム
1980
カムイエクウチカウシ
とかちリュータン湖
コイカクシュサツナイ岳
沙流郡
日高町
新和
比宇川
新冠郡
新冠町
岩清水渓谷
パンベツ山 1337
1842
1839峰
シベチャリ山 1627
ペテガリ岳 1736
フタッタプの滝
若園
泉
新栄
笹山 806
シュンベツ川
中ノ岳 1519
高見
高見ダム
ナナシベツ川
新冠川
明和
ビッグレッドファーム明和
北大実験農場
新冠牧場
古岸
緑丘
御園
静内川
双川
ピセナイ山 1028
日高郡
新ひだか町
神威
朝日
万世
二十間道路 道100選
二十間道路桜並木 さくら100選
東泊津
大富
美河
西泊津
静内
競走馬生産牧場 進行方向右は太平洋、左手には牧場が連なる。草を食むサラブレッドの姿も
苫小牧
しずない 9611-0150
静内
前川庭園
エゾヤマツツジ
浦河郡
浦河町
4.9
JR 日高本線
苫小牧～様似
静内川橋梁 355m
静内
8.8
太平洋 太平洋岸を走る日高本線。青い海が果てしなく広がる
太平洋
9611-0160 ひがししずない
東静内
6.1
川上
三石
元浦川
様似

路線

- 新幹線
- 2.0km 駅間距離
- JR複線
- JR単線
- 私鉄複線
- 私鉄単線
- 貨物線
- 新交通・モノレール
- ケーブルカー
- ロープウェイ
- 廃線
- バス
- カーフェリー
- 旅客船

その他鉄道施設
撮影ポイント
絶景ポイント

駅・施設の付属情報

1234-5678 駅コード

ご利用案内 ⇒ 表紙裏ページ

特急停車駅 列車交換 スイッチバック ループ線 頭端式ホーム 転車台 扇形車庫 デッドセクション みどりの窓口 レンタカー 駅弁 多目的トイレ 入浴施設 立食そば 駅スタンプ 硬券入場券 発車音楽 駅ビル 重要文化財 登録有形文化財 近代化産業遺産 鉄道記念物 北海道遺産

JR 根室本線
滝川～根室
めむろ 芽室 9609-0220
いなしべつ 稲士別 9609-0280
まくべつ 幕別 9609-0290
とおふつ 十弗 9609-0320
昭栄信号場
旧愛国駅
愛国交通記念館
旧愛国駅の駅舎を利用した記念館。一世を風靡した愛国から幸福へのきっぷをはじめ、愛国駅にまつわる資料を展示。ホームには9600形蒸気機関車を保存
旧幸福駅
幸福駅鉄道公園
木造の駅舎やホームとともに、キハ22形気動車などが静態保存されている。売店では「愛国から幸福行き」のきっぷのレプリカを販売
とかち帯広空港
廃線 国鉄広尾線
帯広～広尾
廃：1987.2.2
【十勝バス】
帯広駅バスターミナル～広尾
忠類鉄道資料館
老朽化の進んだ旧忠類駅を改修し、広尾線の資料館として保存。ホームや線路、踏切警報機なども当時のまま残っている
旧忠類駅
シーサイドパーク広尾
広尾町鉄道記念館
宮脇俊三の名著『最長片道切符の旅』の始発駅だった旧広尾駅。現在も駅舎は記念館として保存されており、改札や発券窓口が往時の姿のまま残っている
旧広尾駅
帯広市
河西郡 芽室町
河西郡 中札内村
河西郡 更別村
中川郡 幕別町
中川郡 池田町
中川郡 豊頃町
広尾郡 大樹町
広尾郡 広尾町
太平洋

1:300,000

0 2 4 6 8 10km

地図上の1センチは3.0キロメートル

鉄道施設 景観

- 車両基地（全般検査可能）
- 車両基地
- 車両製造工場
- 信号場・信号所
- デッドセクション
- 急勾配
- スイッチバック
- ループ線
- 大カーブ
- 鉄道博物館
- 鉄道記念館
- 鉄道記念碑
- 車両展示
- 廃線跡
- ロケ地

根室本線

14
15
20
池田
中川郡 池田町
昭栄信号場
8.5
とおふつ 十弗 9609-0320
十勝川
5.4
とよころ 9009-0330 豊頃
9609-0350 うらほろ 浦幌
常豊信号場
9609-0360 かみあつない 上厚内
11.8
6.6
十勝郡 浦幌町
あつない 厚内 9609-0370
9609-0380 ちょくべつ 直別
9609-0390 しゃくべつ 尺別
9609-0400 おんべつ 音別
釧路市
太平洋をバックに走る列車
7.2
4.0
3.8
太平洋
太平洋を望みつつ、荒涼たる湿原の中を走る
広い砂浜に打ち寄せる波と果てしなく広がる太平洋
JR 根室本線 滝川〜根室
7.1
6.4
吉野
9609-0340 しんよしの 新吉野
中川郡 豊頃町
中川郡 幕別町
明野ヶ丘公園 シバザクラ
茂岩
浦幌十勝川
大津
大津・長節原生花園
長節湖
湧洞沼
生花
晩成
晩成海岸原生花園 ガンコウラン ハマナス
広尾郡 大樹町
歴舟川
紋別川

A B C D E

143°40′

1 2 3 4 5 6 7

42° 37′

路線

- 新幹線
- 2.0km 駅間距離
- JR複線
- JR単線
- 私鉄複線
- 私鉄単線
- 貨物線
- 新交通・モノレール
- ケーブルカー
- ロープウェイ
- 廃線
- バス
- カーフェリー
- 旅客船

その他鉄道施設
撮影ポイント
絶景ポイント

駅・施設の付属情報

1234-5678 駅コード
ご利用案内 ⇒ 表紙裏ページ

特急停車駅 / 列車交換 / スイッチバック / ループ線 / 頭端式ホーム / 転車台 / 扇形車庫 / デッドセクション / みどりの窓口 / レンタカー / 駅弁 / 多目的トイレ / 入浴施設 / 立食そば / 駅スタンプ / 硬券入場券 / 発車音楽 / 駅ビル / 重要文化財 / 登録有形文化財 / 近代化産業遺産 / 鉄道記念物 / 北海道遺産

1:300,000

0 2 4 6 8 10km

地図上の1センチは3.0キロメートル

鉄道施設
景観

車両基地（全般検査可能）
車両基地
車両製造工場
信号場・信号所
デッドセクション
急勾配
スイッチバック
ループ線
大カーブ
鉄道博物館
鉄道記念館
鉄道記念碑
車両展示
廃線跡
ロケ地

日高本線

国鉄広尾線

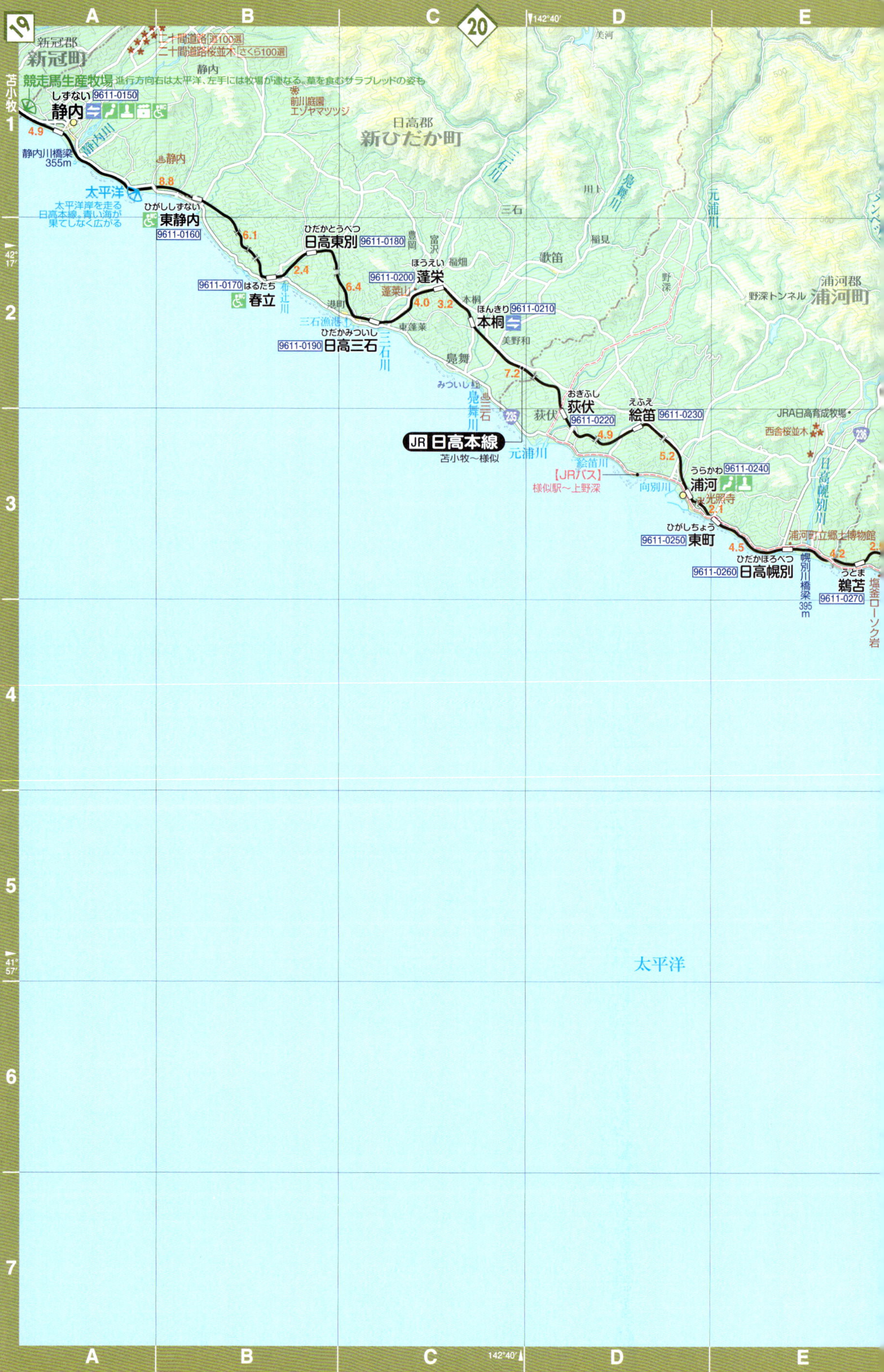

路線

新幹線

2.0km 駅間距離

JR複線

JR単線

私鉄複線

私鉄単線

貨物線

新交通・モノレール

ケーブルカー

ロープウェイ

廃線

バス

カーフェリー

旅客船

その他鉄道施設
撮影ポイント
絶景ポイント

駅・施設の付属情報

1234-5678 駅コード
ご利用案内 表紙裏ページ

特急停車駅 / 列車交換 / スイッチバック / ループ線 / 頭端式ホーム / 転車台 / 扇形車庫 / デッドセクション / みどりの窓口 / レンタカー / 駅弁 / 多目的トイレ / 入浴施設 / 立食そば / 駅スタンプ / 硬券入場券 / 発車音楽 / 駅ビル / 重要文化財 / 登録有形文化財 / 近代化産業遺産 / 鉄道記念物 / 北海道遺産

20
F
G
H
I
J
1
2
3
4
5
6
7
143°10′
42° 17′
41° 57′
幸福
豊似川
廃線 国鉄広尾線
帯広～広尾
廃：1987.2.2
のづか 野塚
しんせい 新生
野塚川
広尾郡
広尾町
シーサイドパーク広尾
楽古川
【十勝バス】
帯広駅バスターミナル～広尾
広尾町鉄道記念館
宮脇俊三の名著『最長片道切符の旅』の始発駅だった旧広尾駅。現在も駅舎は記念館として保存されており、改札や発券窓口が往時の姿のまま残っている
旧広尾駅
ひろお 広尾
十勝港
西広尾川
東広尾川
トヨニ岳
1493
天馬街道
野塚トンネル
ソガベツの滝
五色渓谷
楽古岳
1471
236
336
音調津
タニイソトンネル
様似郡
様似町
さまに 様似 9611-0280
さまに 様似 9611-0290
ピンネシリ
958
アポイ岳
アポイ岳高山植物群落
810
アポイ岳
幌満湖
様似川
エンルム岬
登川
目黒
ニカンベツ川
幌満
幌満川
豊似岳
1105
豊似湖
幌泉郡
えりも町
宇遠別トンネル
庶野
庶野漁港
【JRバス】
様似駅～広尾
町有上歌別牧野
大和
本町
しゃくなげ公園
162
追分峠
アアツ川
百人浜
百人浜・襟裳岬 渚百選
歌別
東洋
えりも岬
えりも観光会館
灯台50選 襟裳岬灯台
襟裳岬
えりも岬

1:300,000

0 2 4 6 8 10km

地図上の1センチは3.0キロメートル

鉄道施設
景観

車両基地（全般検査可能） / 車両基地 / 車両製造工場 / 信号場・信号所 / デッドセクション / 急勾配 / スイッチバック / ループ線 / 大カーブ / 鉄道博物館 / 鉄道記念館 / 鉄道記念碑 / 車両展示 / 廃線跡 / ロケ地

17
139°40′
良瑠石
水垂岬
尾花岬
太日
帆越岬
日昼
42° 17′
41° 57′
ハートランドフェリー（江差－奥尻）
賽の河原
稲穂岬
稲穂
宮津
【奥尻町有バス】
奥尻バスセンター～野名前
球浦
湯浜
屏風立岩
神威脇漁港
奥尻
鍋釣岩
なべつる海岸
584
神威山
分屯基地
500
神威岩
奥尻島
奥尻郡
奥尻町
無縁島
無縁島
長浜
【奥尻町有バス】
奥尻バスセンター～神威脇
米岡
富里
松江
トド島
群来岬
奥尻空港
青苗川
青苗
青苗漁港
青苗岬
日本海

路線

新幹線
2.0km 駅間距離
JR複線
JR単線
私鉄複線
私鉄単線
貨物線
新交通・モノレール
ケーブルカー
ロープウェイ
廃線
バス
カーフェリー
旅客船

その他鉄道施設
撮影ポイント
絶景ポイント

駅・施設の付属情報

1234-5678 駅コード
ご利用案内 → 表紙裏ページ

特急停車駅 / 列車交換 / スイッチバック / ループ線 / 頭端式ホーム / 転車台 / 扇形車庫 / デッドセクション / みどりの窓口 / レンタカー / 駅弁 / 多目的トイレ / 入浴施設 / 立食そば / 駅スタンプ / 硬券入場券 / 発車音楽 / 駅ビル / 重要文化財 / 登録有形文化財 / 近代化産業遺産 / 鉄道記念物 / 北海道遺産

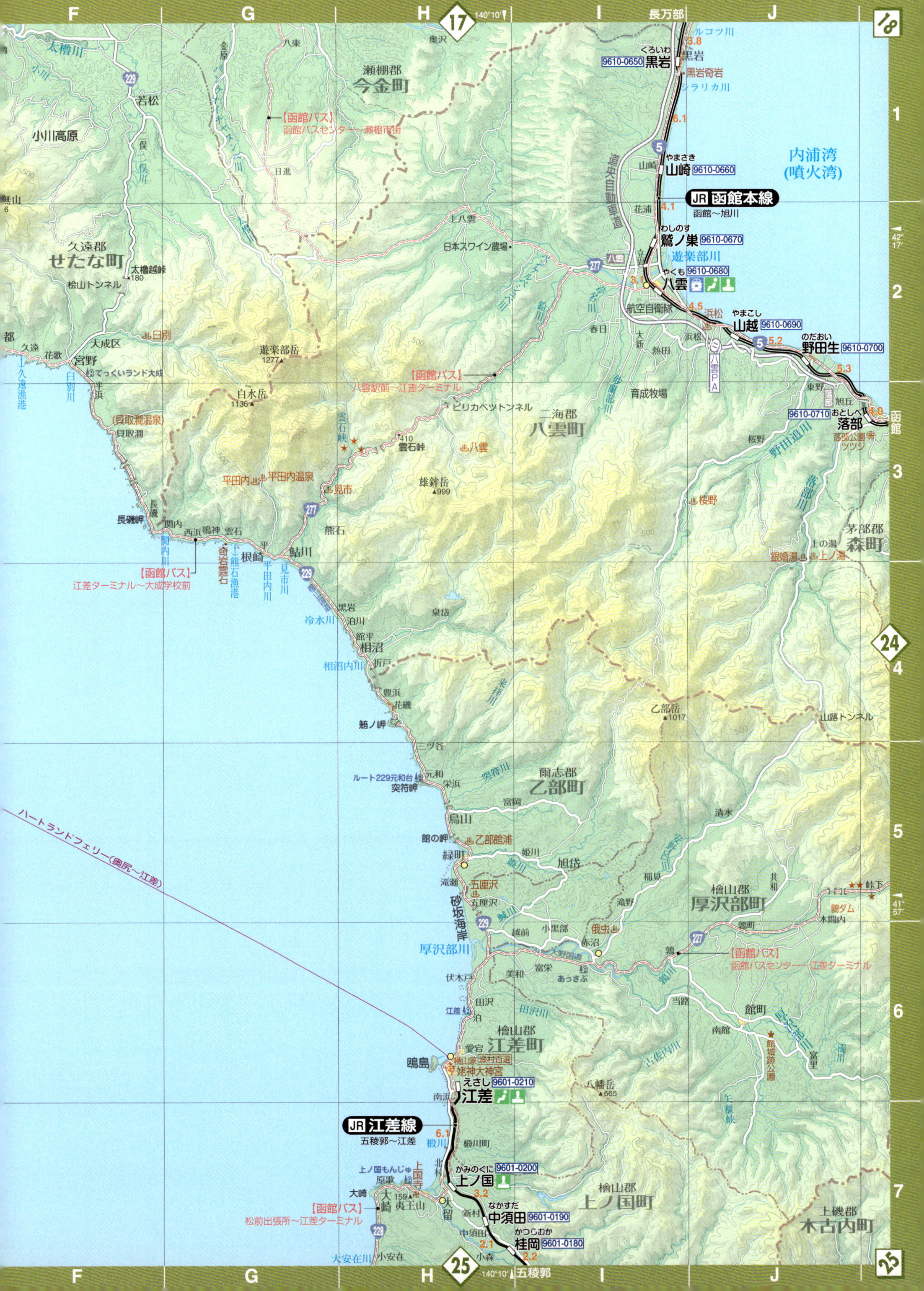

18
17
24
25
長万部
五稜郭
140°10′
42° 17′
41° 57′
JR 函館本線
函館～旭川
JR 江差線
五稜郭～江差
くろいわ 黒岩 9610-0650
やまさき 山崎 9610-0660
わしのす 鷲ノ巣 9610-0670
やくも 八雲 9610-0680
やまこし 山越 9610-0690
のだおい 野田生 9610-0700
おとしべ 落部 9610-0710
えさし 江差 9601-0210
かみのくに 上ノ国 9601-0200
なかすだ 中須田 9601-0190
かつらおか 桂岡 9601-0180
内浦湾 (噴火湾)
瀬棚郡 今金町
久遠郡 せたな町
二海郡 八雲町
茅部郡 森町
爾志郡 乙部町
檜山郡 厚沢部町
檜山郡 江差町
檜山郡 上ノ国町
上磯郡 木古内町
【函館バス】 函館バスセンター～瀬棚市街
【函館バス】 八雲駅前～江差ターミナル
【函館バス】 江差ターミナル～大成学校前
【函館バス】 函館バスセンター～江差ターミナル
【函館バス】 松前出張所～江差ターミナル
ハートランドフェリー(奥尻～江差)
遊楽部岳 1277
雄鉾岳 999
乙部岳 1017
白水岳 1136
鴎島
姥神大神宮

1:300,000

0 2 4 6 8 10km

地図上の1センチは3.0キロメートル

鉄道施設
景観

車両基地(全般検査可能)
車両基地
車両製造工場
信号場・信号所
デッドセクション
急勾配
スイッチバック
ループ線
大カーブ
鉄道博物館
鉄道記念館
鉄道記念碑
車両展示
廃線跡
ロケ地

路線

新幹線
2.0km 駅間距離
JR複線
JR単線
私鉄複線
私鉄単線
貨物線
新交通・モノレール
ケーブルカー
ロープウェイ
廃線
バス
カーフェリー
旅客船

その他鉄道施設
撮影ポイント
絶景ポイント

駅・施設の付属情報

1234-5678 駅コード
ご利用案内 ➡ 表紙裏ページ

特急停車駅 / 列車交換 / スイッチバック / ループ線 / 頭端式ホーム / 転車台 / 扇形車庫 / デッドセクション / みどりの窓口 / レンタカー / 駅弁 / 多目的トイレ / 入浴施設 / 立食そば / 駅スタンプ / 硬券入場券 / 発車音楽 / 駅ビル / 重要文化財 / 登録有形文化財 / 近代化産業遺産 / 鉄道記念物 / 北海道遺産

F 伊達紋別
G
登別
18
H
141°10′
I
J
1
2
3
4
5
6
7
42° 17′
41° 57′
こがね
9613-0310 黄金
さきもり
9613-0300 崎守
JR貨物陣屋町駅
もとわにし
本輪西
9613-0290
JR貨物本輪西駅
東室蘭 JR貨物駅
JR貨物鷲別機関区
JR 室蘭本線
長万部～岩見沢
わしべつ 9613-0270
鷲別
ひがしむろらん 9613-0280
東室蘭
イタンキ浜 渚百選
大黒島
みたら室蘭
室蘭水族館
室蘭港
室蘭市
西室蘭
9617-0030
みさき
御崎
わにし
輪西
9617-0020
JR 室蘭本線(室蘭支線)
東室蘭～室蘭
蘭市旧室蘭駅舎
12年に建てられた現存
る北海道最古の木造駅舎
国の登録有形文化財。
97年に現在地に移設さ
多目的ホールとして利
されるほか、駅舎関係の
示品もある
銀屏風
D51560
9617-0040
ぼこい
母恋
9617-0050 むろらん
室蘭
金屏風
チキウ岬灯台 灯台50選
太平洋
黒羽尻崎
岩戸
磯谷川
双見
大船
泣面山 835
大船川
【函館バス】
函館バスセンター～古部～鹿部出張所
臼尻漁港
臼尻
安浦
川汲
川汲公園
八木川
尾札部
【函館バス】
函館バスセンター～椴法華支所前
三森山 842
台場山 528
川汲峠
亀田半島
新川汲トンネル
250
木直
古部
三森
毛無山 631
函館市
銚子
新八幡
富浦
灯台50選
恵山岬灯台
恵山岬
元村
水無海浜
恵山
【函館バス】
恵山～椴法華支所前
ツツジ
恵山 618
御崎
恵山
つつじ公園
日ノ浜
山背泊漁港
なとわ・えさん
女那川
紅葉山
庵原
東畑
鉄山
蛾眉野
亀尾
豊原
25
F
G
H
141°10′
I
J

1:300,000

0 2 4 6 8 10km

地図上の1センチは3.0キロメートル

鉄道施設
景観

- 車両基地（全般検査可能）
- 車両基地
- 車両製造工場
- 信号場・信号所
- デッドセクション
- 急勾配
- スイッチバック
- ループ線
- 大カーブ
- 鉄道博物館
- 鉄道記念館
- 鉄道記念碑
- 車両展示
- 廃線跡
- ロケ地

函館本線
江差線
海峡線
JR松前線

路線

- 新幹線
- 2.0km 駅間距離
- JR複線
- JR単線
- 私鉄複線
- 私鉄単線
- 貨物線
- 新交通・モノレール
- ケーブルカー
- ロープウェイ
- 廃線
- バス
- カーフェリー
- 旅客船

その他鉄道施設
撮影ポイント
絶景ポイント

駅・施設の付属情報

1234-5678 駅コード

ご利用案内 → 表紙裏ページ

特急停車駅 / 列車交換 / スイッチバック / ループ線 / 頭端式ホーム / 転車台 / 扇形車庫 / デッドセクション / みどりの窓口 / レンタカー / 駅弁 / 多目的トイレ / 入浴施設 / 立食そば / 駅スタンプ / 硬券入場券 / 発車音楽 / 駅ビル / 重要文化財 / 登録有形文化財 / 近代化産業遺産 / 鉄道記念物 / 北海道遺産

24
JR 函館本線
JR 江差線
JR 大湊線（はまなすベイライン大湊線）
廃線 下北交通大畑線
下北～大畑
廃：2001.4.1
野辺地～大湊
五稜郭～江差
函館～旭川
9610-0850 ききょう 桔梗
ひがしくねべつ 東久根別 9601-0030
ななえはま 七重浜 9601-0020
9601-0040 くねべつ 久根別
9601-0050 きよかわぐち 清川口
9601-0060 かみいそ 上磯
もへじ 茂辺地 9601-0070
おしまとうべつ 渡島当別 9601-0080
9508-0110 おおみなと 大湊
五稜郭
JR貨物 五稜郭駅
函館
27
矢不来信号場
函館山
海を隔てた対岸に函館山が見える
函館山ロープウェイ
ロープウェイ山麓～ロープウェイ山頂
市立函館博物館
函館公園
亀田半島
函館市
函館空港
湯の川
恵山
御崎
日ノ浜
女那川
日浦岬
汐首岬
旧国鉄戸井線（未成線）汐首岬灯台下8連アーチ橋
断崖に立つ戸井線（未成線）のコンクリート製アーチ橋のひとつ。1937～1943年、戸井線の敷設に合わせて建設されたが、列車が走ることは一度もなかった
【函館バス】五稜郭タワー～トラピスチヌシャトルバス
【函館バス】函館バスセンター～トラピスチヌ入口
【函館バス】函館駅前～湯の川温泉
【函館バス】函館駅前～ロープウェイ前
【函館バス】函館駅前～函館山
【函館バス】函館バスセンター～恵山御崎
【函館バス】函館バスセンター～椴法華支所前
【函館バス】恵山～椴法華支所前
津軽海峡
青函フェリー（函館～青森）
津軽海峡フェリー（函館～青森）
津軽海峡フェリー（函館～大間）
大間崎灯台 灯台50選
クキド瀬戸
本州最北端の地
大間崎
大間
ハネコエ島
下北郡 大間町
易国間
下北郡 風間浦村
下風呂
【下北交通】下北駅～佐井
佐井
大魚島
下北郡 佐井村
縫道石山
仏ヶ浦
旧国鉄大間線（未成線）二枚橋付近のアーチ橋
大畑線キハ85動態保存会
旧大畑駅
大畑
【下北交通】大畑駅～奥薬研
青森県
むつ市
朝比奈岳
恐山
菩提寺
宇曽利山湖
【下北交通】下北駅～恐山
ミズバショウ シャクナゲ イソツツジ
湯野川
川内
津軽海峡
F G H I J
1 2 3 4 5 6 7
140°40′
141°10′
41°37′
41°17′
東北 2

1:60,000
0 0.4 0.8 1.2 1.6 2km
地図上の1センチは600メートル

鉄道施設景観
車両基地（全般検査可能） 信号場・信号所 スイッチバック 鉄道博物館 車両展示
車両基地 デッドセクション ループ線 鉄道記念館 廃線跡
車両製造工場 急勾配 大カーブ 鉄道記念碑 ロケ地

札沼線
千歳線
函館本線
札幌市営地下鉄東西線
東豊線
南北線

路線
新幹線
2.0km 駅間距離
JR複線
JR単線
私鉄複線
私鉄単線
貨物線
新交通・モノレール
路面電車
ケーブルカー
ロープウェイ
廃線
カーフェリー
旅客船

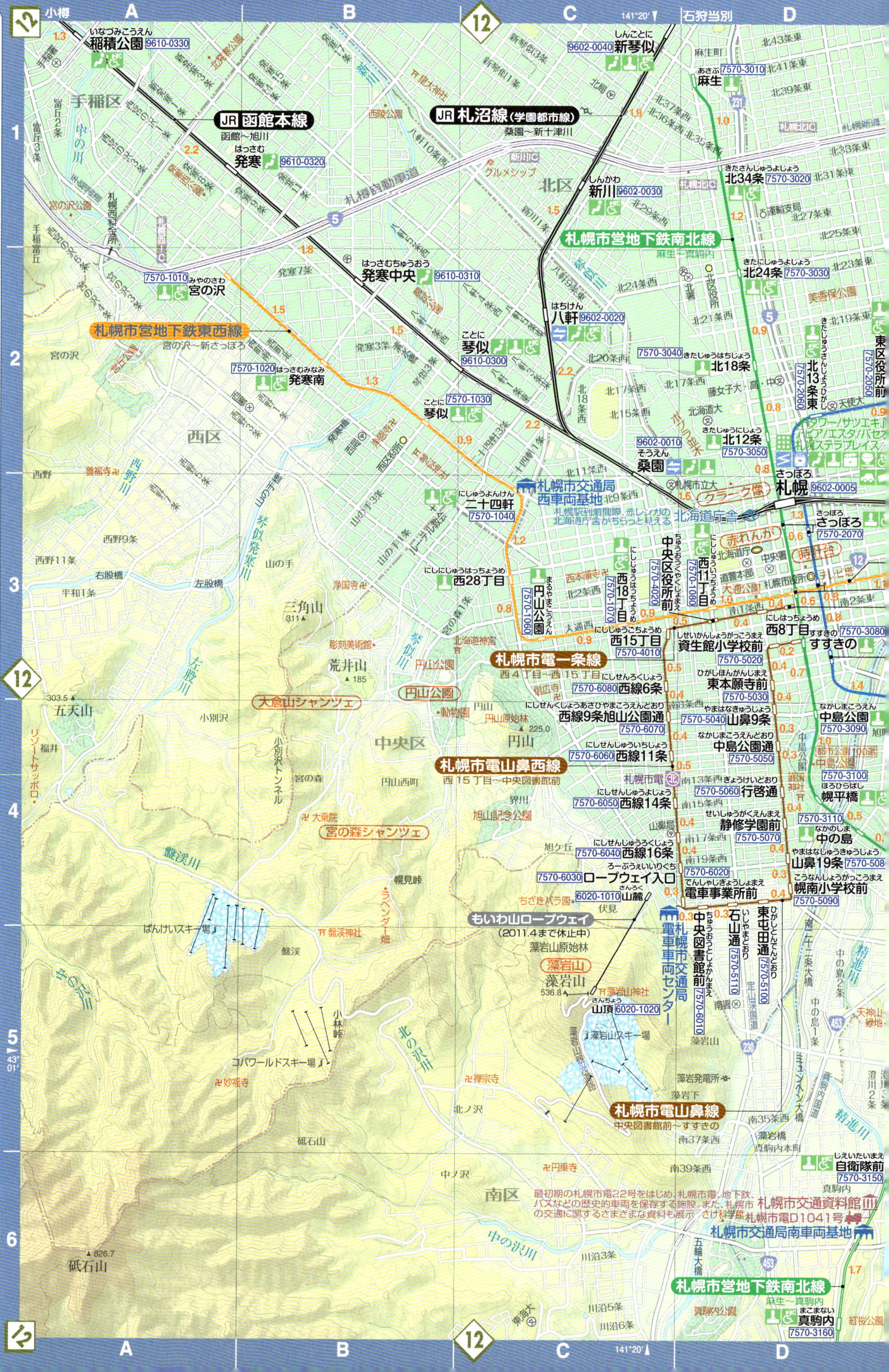

その他鉄道施設
撮影ポイント
絶景ポイント

駅・施設の付属情報

1234-5678 駅コード
ご利用案内 ⇒ 表紙裏ページ

特急停車駅 / 列車交換 / スイッチバック / ループ線 / 頭端式ホーム / 転車台 / 扇形車庫 / デッドセクション / みどりの窓口 / レンタカー / 駅弁 / 多目的トイレ / 入浴施設 / 立食そば / 駅スタンプ / 硬券入場券 / 発車音楽 / 駅ビル / 重要文化財 / 登録有形文化財 / 近代化産業遺産 / 鉄道記念物 / 北海道遺産

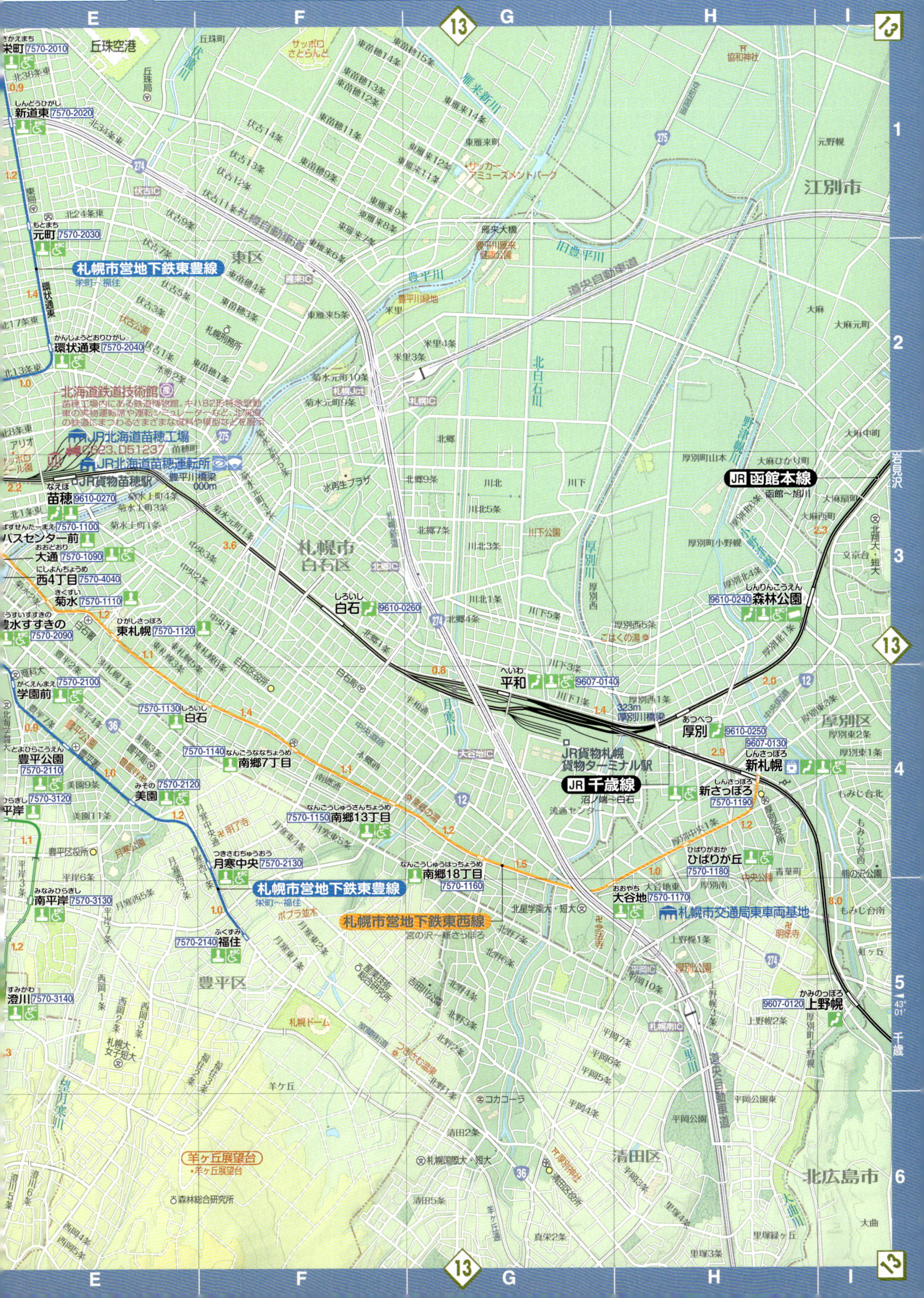

1:30,000

0 0.2 0.4 0.6 0.8 1km

地図上の1センチは300メートル

鉄道施設 景観

車両基地（全般検査可能） 信号場・信号所 スイッチバック 鉄道博物館 車両展示
車両基地 デッドセクション ループ線 鉄道記念館 廃線跡
車両製造工場 急勾配 大カーブ 鉄道記念碑 ロケ地

函館本線
函館市電本線
大森線
宝来谷地頭線
湯の川線

A B C D
松前
大沼
1 2 3 4 5 6
北斗市
新日本石油油槽所
常盤橋
ジャンボイエロー
フェリーターミナル
北海道大
JR江差線
五稜郭〜江差
昭和町
亀田港町
港町
有川桟橋引込線
JR貨物五稜郭機関区
ごりょうかく
9610-0860
五稜郭
JR北海道五稜郭車両所
JR貨物五稜郭駅
日産化学
函館工業団地
追分町
北浜町
浅野町
北埠頭
道南漁業資材
亀田本町
津軽海峡フェリー・青函フェリー（函館〜青森）
津軽海峡フェリー（函館〜大間）
函館港
函館湾
亀田八幡宮
万代ご橋
JR函館本線
函館〜旭川
万代埠頭
万代町
松川町
函館ベイクルーズ
中央埠頭
海岸町
西署
大縄町
JR北海道函館運輸所
函館市電大森線
函館駅前〜松風町
若松町
新川町
海洋気象台
西埠頭
はこだて
9610-0870
函館
8290-4020
しんかわちょう
新川町
青函連絡船が廃止される当日まで就航していた摩周丸を、青函連絡船の歴史を伝える記念館として公開。船内の操舵室や無線室、船员などが往時のまま保存されている
旧函館駅所在地
函館市電
青函連絡船記念館摩周丸
8290-1010
はこだてえきまえ
函館駅前
函館市場
漁村百選
函館漁港船入澗防波堤
函館漁港
はこだてどつくまえ
函館どつく前
8290-3010
弁天町
太刀川家住宅店舗
函館本線0マイル地点記念碑
ボーニモリヤ
松風町
まつかぜちょう
松風町
8290-1020
函館市電本線
函館どつく前〜函館駅前
おおまち
大町
8290-3020
入舟町
称名寺
高龍寺
弥生町
大町
北方民族資料館
豊川埠頭
大手町
しやくしょまえ
8290-3060
市役所前
函館市役所
東雲町
大森町
外人墓地
旧ロシア領事館
船見町
山上大神宮
伝建地区
函館市元町末広町
すえひろちょう
末広町
8290-3030
北島三郎記念館
市文学館
元町公園
旧函館区公会堂
郷土資料館
末広町
北方歴史資料館
豊川町
うおいちばどおり
魚市場通
8290-3050
栄町
道100選 大三坂道
函館西高
元町教会
聖ヨハネ教会墓地
ハリストス正教会
函館ハリストス正教会の鐘
音100選
東本願寺別院
市水道局
函館市電操車塔
じゅうじがい
十字街
8290-2010
東川町
ほうらいちょう
宝来町
8290-2020
宝来町
函館山線
ろーぷうぇいさんろく
ロープウェイ山麓
6400-1010
函館市電宝来谷地頭線
十字街〜谷地頭
展望台
334
函館山
ろーぷうぇいさんちょう
ロープウェイ山頂
6400-1020
護国神社
青柳町
函館山
函館山ロープウェイ
ロープウェイ山麓〜ロープウェイ山頂
博物館
函館公園
あおやぎちょう
青柳町
8290-2030
函館八幡宮
谷地頭町
高龍寺
やちがしら
谷地頭
8290-2040
住吉漁港
妙心寺
碧血碑
谷地頭温泉
住吉町
25

路線

新幹線
2.0km 駅間距離
JR複線
JR単線
私鉄複線
私鉄単線
貨物線
新交通・モノレール
路面電車
ケーブルカー
ロープウェイ
廃線
カーフェリー
旅客船

その他鉄道施設
撮影ポイント
絶景ポイント

駅・施設の付属情報

1234-5678 駅コード

ご利用案内 ➡ 表紙裏ページ

特急停車駅 列車交換 スイッチバック ループ線 頭端式ホーム 転車台 扇形車庫 デッドセクション みどりの窓口 レンタカー 駅弁 多目的トイレ 入浴施設 立食そば 駅スタンプ 硬券入場券 発車音楽 駅ビル 重要文化財 登録有形文化財 近代化産業遺産 鉄道記念物 北海道遺産

25
函館市電湯の川線
松風町～湯の川
五稜郭公園前
8290-4080
杉並町
8290-4090
柏木町
8290-4100
深堀町
8290-4110
競馬場前
8290-4120
駒場車庫前
8290-4130
市民会館前
8290-4140
湯の川温泉
8290-4150
湯の川
8290-4160
中央病院前
8290-4070
千代台
8290-4060
堀川町
8290-4050
昭和橋
8290-4040
千歳町
8290-4030
函館市
五稜郭
五稜郭公園
100名城
五稜郭タワー
北海道立函館美術館
芸術ホール
函館競馬場
駒場町
函館市交通局駒場車庫
函館市電530号
馬車鉄道記念碑
湯の川温泉
湯の川温泉
熱帯植物園
湯川海水浴場
津軽海峡
中道
東山
鍛治
山の手
本通
柳町
川原町
花園町
日吉町
滝沢町
高丘町
上野町
戸倉町
湯川町
広野町
湯浜町
金堀町
富岡町
昭和
田家町
大川町
白鳥町
五稜郭町
杉並町
柏木町
深堀町
松陰町
人見町
乃木町
時任町
中島町
的場町
日乃出町
高盛町
宇賀浦町
高松町
見晴町
榎本町
亀田川
鮫川
湯の沢川
湯の川
松倉川
汐見橋
東本願寺支院
鍛治神社
鍛治温泉
法華寺
大称寺
白百合学園高・中
大谷高
函館大谷短大
市立函館高
大妻高
函館工高
函館ラ・サール高・中
函館大有斗高
遺愛女子高・中
函館大柏稜高
函館中部高
少年刑務所
花園温泉
湯倉神社
稲荷神社
慈恩院
善導院
湯川寺
中央署
千代台公園
オーシャンスタジアム
税務署
称名寺
函館工業
湯の川教会
水産試験場
土方・啄木浪漫館
140°46′
41°46′
E
F
G
H
I
1
2
3
4
5
6

主要路線別クイック索引

本巻の地図中に収録されている鉄道路線のインデックスです。
各線の電気方式も一目でわかる便利機能付き！

◆図の見かた

- Ⓐ…鉄道会社（事業者）
- Ⓑ…路線名
- Ⓒ…路線情報
- Ⓓ…電気方式
- Ⓔ…駅名
  ※主要駅、乗換駅、図郭最端駅を掲載
- Ⓕ…乗換線名
  （■JR路線　■民営鉄道線）
- Ⓖ…地図番号と図郭範囲
  ※この場合、函館～五稜郭が地図番号27の地図に掲載される

交流50Hz　交流60Hz　非電化
直流1500V　直流750V　デッドセクション ※詳しくはP.3参照
直流600V　その他

Ⓐ ◆JR北海道
Ⓑ 函館本線 [はこだてほんせん]
Ⓒ 区間・距離●函館～旭川 423.1km／大沼～森 35.3km
軌間●1067mm
電気方式●交流50Hz（函館～五稜郭／小樽～旭川）／非電化（五稜郭～小樽）
全通●1905年

Ⓓ　Ⓖ
函館（■江差線 ■海峡線 ■函館市電）－五稜郭（■江差線）－桔梗－大沼
27
Ⓔ　Ⓕ

◆JR北海道

函館本線
[はこだてほんせん]

区間・距離●函館～旭川 423.1km／大沼～森 35.3km
軌間●1067mm
電気方式●交流50Hz（函館～五稜郭／小樽～旭川）／非電化（五稜郭～小樽）
全通●1905年

函館（■江差線 ■海峡線 ■函館市電）－五稜郭（■江差線）－桔梗－大沼－大沼公園－森－落部－山崎－黒岩－長万部（■室蘭本線）－熱郛
24　27　18

比羅夫－倶知安－余市－塩谷－小樽－小樽築港－朝里－手稲－稲積公園－琴似－桑園（■札沼線）－札幌（■地下鉄南北線 ■地下鉄東豊線）－苗穂－白石（■千歳線）－厚別－森林公園
18　17　26　12　12

大麻－岩見沢（■室蘭本線）－美唄－茶志内－奈井江－砂川－滝川（■根室本線）－深川（■留萌本線）－伊納－近文－旭川（■富良野線 ■宗谷本線）
13　6　8

大沼－渡島砂原－森
24

◆JR北海道

室蘭本線
[むろらんほんせん]

区間・距離●長万部～岩見沢 211.0km／東室蘭～室蘭 7.0km
軌間●1067mm
電気方式●交流50Hz（室蘭～沼ノ端）／非電化（長万部～東室蘭／沼ノ端～岩見沢）
全通●1928年

長万部（■函館本線）－洞爺－伊達紋別－黄金－東室蘭（■室蘭本線（室蘭支線））－鷲別－登別
18

萩野－社台－苫小牧（■日高本線）－沼ノ端（■千歳線）－安平－追分－志文－岩見沢（■函館本線）
18　13　19

東室蘭－室蘭（■室蘭本線）
18,24

◆JR北海道

根室本線
[ねむろほんせん]

愛称●花咲線(はなさきせん)(釧路～根室)
区間・距離●滝川～根室 443.8km
軌間●1067mm
電気方式●非電化
全通●1921年

8 | 14

滝川 ■函館本線 — 芦別 — 島ノ下 — 富良野 ■富良野線 — 金山 — 落合 — 新得 ■石勝線 — 十勝清水 — 芽室 — 帯広

16

— 幕別 — 池田 — 十弗 — 厚内 — 音別 — 白糠 — 新富士 — 釧路 — 東釧路 ■釧網本線 — 別保 — 厚岸 — 厚床 — 落石 — 根室

14 | 21 | 15

◆JR北海道

宗谷本線
[そうやほんせん]

区間・距離●旭川～稚内 259.4km
軌間●1067mm
電気方式●非電化
全通●1926年

6 | 4,5

旭川 ■富良野線 ■函館本線 — 新旭川 ■石北本線 — 永山 — 北永山 — 比布 — 蘭留 — 和寒 — 士別 — 名寄 — 日進 — 南美深

8,9

1

— 美深 — 恩根内 — 音威子府 — 天塩中川 — 問寒別 — 上幌延 — 幌延 — 南稚内 — 稚内

2

◆JR北海道

留萌本線
[るもいほんせん]

区間・距離●深川～増毛 66.8km
軌間●1067mm
電気方式●非電化
全通●1921年

8

深川 ■函館本線 — 北秩父別 — 石狩沼田 — 真布 — 幌糠 — 大和田 — 留萌 — 箸別 — 増毛

◆JR北海道

石北本線
[せきほくほんせん]

区間・距離●新旭川～網走 234.0km
軌間●1067mm
電気方式●非電化
全通●1932年

6 | 5 | 6

新旭川 — 北日ノ出 — 桜岡 — 将軍山 — 上白滝 — 下白滝 — 瀬戸瀬 — 遠軽 — 生田原 — 北見 — 緋牛内 — 西女満別 — 女満別 — 網走 ■釧網本線

9 | 10

◆JR北海道

釧網本線
[せんもうほんせん]

区間・距離●東釧路～網走 166.2km
軌間●1067mm
電気方式●非電化
全通●1931年

16 | 6

東釧路 — 標茶 ■根室本線 — 磯分内 — 南弟子屈 — 摩周 — 札弦 — 清里町 — 南斜里 — 知床斜里 — 止別 — 浜小清水 — 原生花園(臨) — 網走 ■石北本線

11

◆JR北海道

日高本線
［ひだかほんせん］

区間・距離●苫小牧～様似
146.5km
軌間●1067mm
電気方式●非電化
全通●1937年

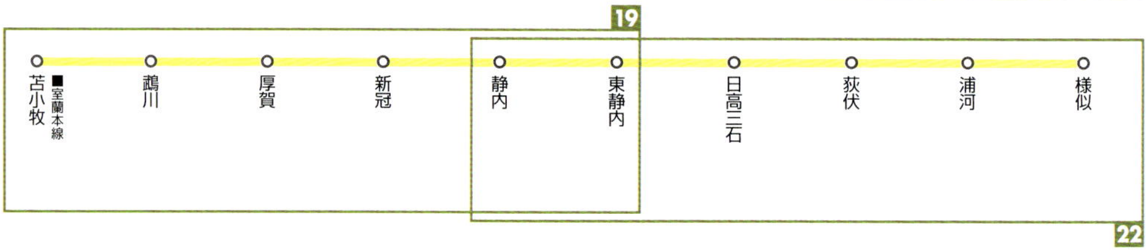
19
苫小牧
■室蘭本線
鵡川
厚賀
新冠
静内
東静内
日高三石
荻伏
浦河
様似
22

◆JR北海道

千歳線
［ちとせせん］

区間・距離●沼ノ端～白石
56.6km
南千歳～新千歳空港 2.6km
軌間●1067mm
電気方式●交流50Hz
全通●1992年

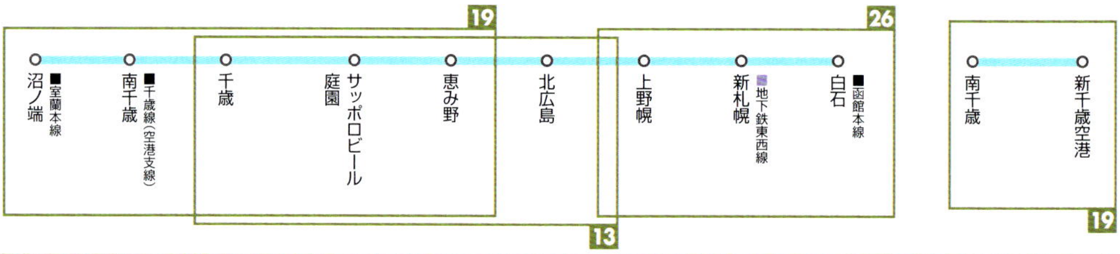
19
26
沼ノ端
■室蘭本線
南千歳
■千歳線（空港支線）
千歳
サッポロビール庭園
恵み野
北広島
上野幌
新札幌
■地下鉄東西線
白石
■函館本線
南千歳
新千歳空港
13
19

◆JR北海道

札沼線
［さっしょうせん］

愛称●学園都市線（がくえんとしせん）
区間・距離●桑園～新十津川
76.5km
軌間●1067mm
電気方式●非電化
全通●1935年

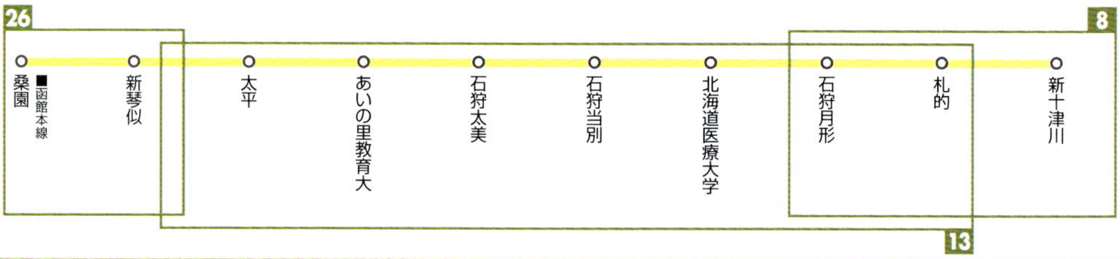
26
8
桑園
■函館本線
新琴似
太平
あいの里教育大
石狩太美
石狩当別
北海道医療大学
石狩月形
札的
新十津川
13

富良野線
［ふらのせん］

区間・距離●旭川～富良野
54.8km
軌間●1067mm
電気方式●非電化
全通●1900年

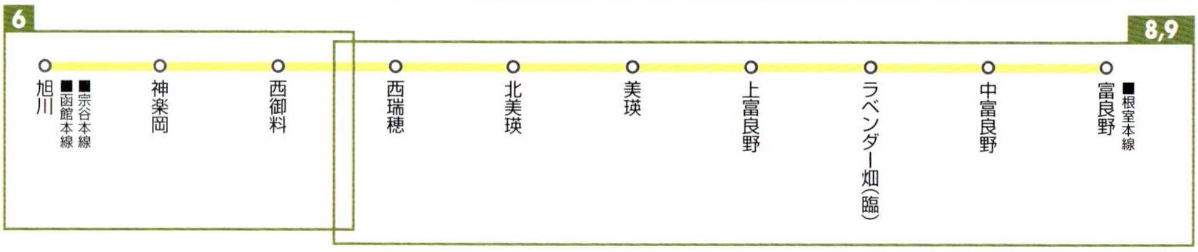
6
8,9
旭川
■函館本線
■宗谷本線
神楽岡
西御料
西瑞穂
北美瑛
美瑛
上富良野
ラベンダー畑（臨）
中富良野
富良野
■根室本線

石勝線
［せきしょうせん］

区間・距離●南千歳～新得
132.4km ／新夕張～夕張
16.1km
軌間●1067mm
電気方式●非電化
全通●1981年

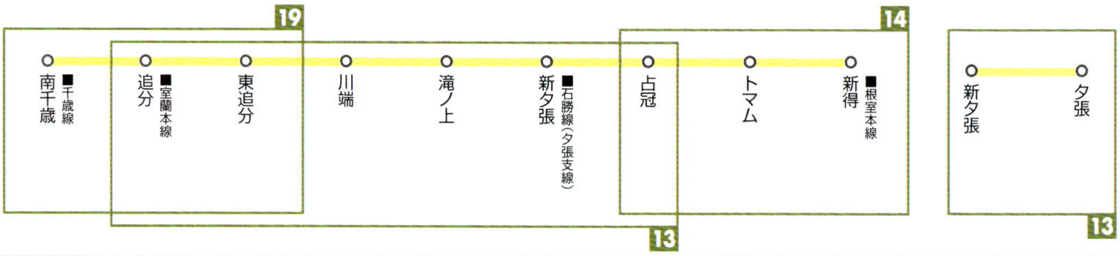
19
14
南千歳
■千歳線
追分
■室蘭本線
東追分
川端
滝ノ上
新夕張
■石勝線（夕張支線）
占冠
トマム
新得
■根室本線
新夕張
夕張
13
13

◆JR北海道

江差線
［えさしせん］

区間・距離●五稜郭～江刺
79.9km
軌間●1067mm
電気方式●交流50Hz（五稜郭～木古内）／非電化（木古内～江刺）
全通●1936年

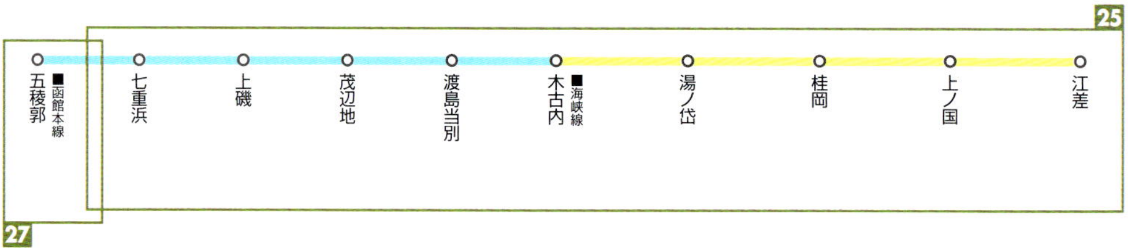
25
五稜郭
■函館本線
七重浜
上磯
茂辺地
渡島当別
木古内
■海峡線
湯ノ岱
桂岡
上ノ国
江差
27

◆JR北海道

海峡線
［かいきょうせん］

区間・距離●中小国～木古内
87.8km
軌間●1067mm
電気方式●交流50Hz
全通●1988年

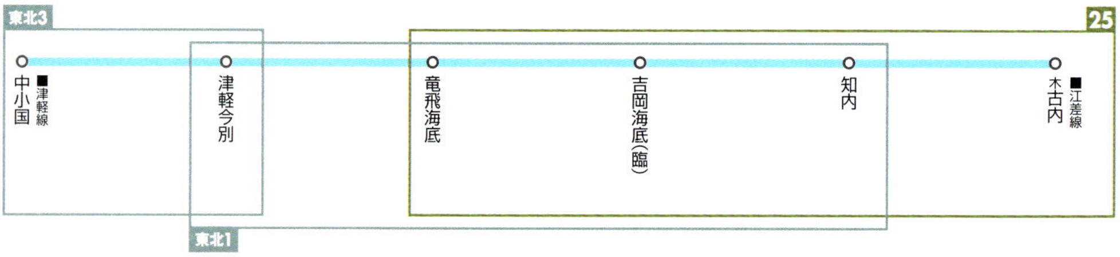
東北3
25
中小国
■津軽線
津軽今別
竜飛海底
吉岡海底（臨）
知内
木古内
■江差線
東北1

◆札幌市交通局［さっぽろしこうつうきょく］

札幌市営地下鉄南北線

［さっぽろしえいちかてつ　なんぼくせん］

区間・距離●麻生～真駒内 14.3km
運行方式●中央案内軌条／ゴムタイヤ
電気方式●直流750V
全通●1978年

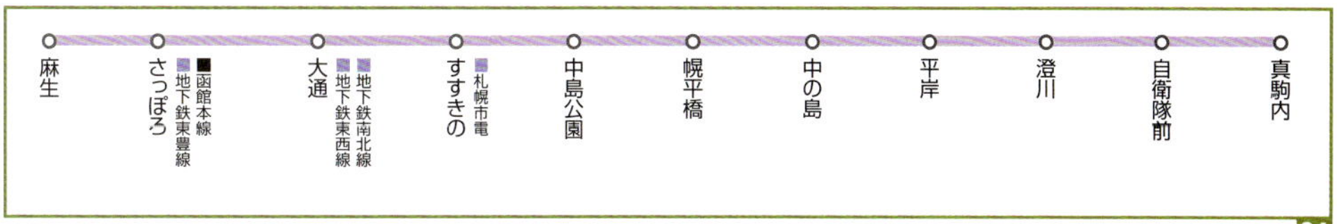
麻生
さっぽろ
■函館本線
■地下鉄東豊線
大通
■地下鉄南北線
■地下鉄東西線
すすきの
■札幌市電
中島公園
幌平橋
中の島
平岸
澄川
自衛隊前
真駒内

26

◆札幌市交通局［さっぽろしこうつうきょく］

札幌市営地下鉄東西線

［さっぽろしえいちかてつ　とうざいせん］

区間・距離●宮の沢～新さっぽろ 20.1km
運行方式●中央案内軌条／ゴムタイヤ
電気方式●直流1500V
全通●1999年

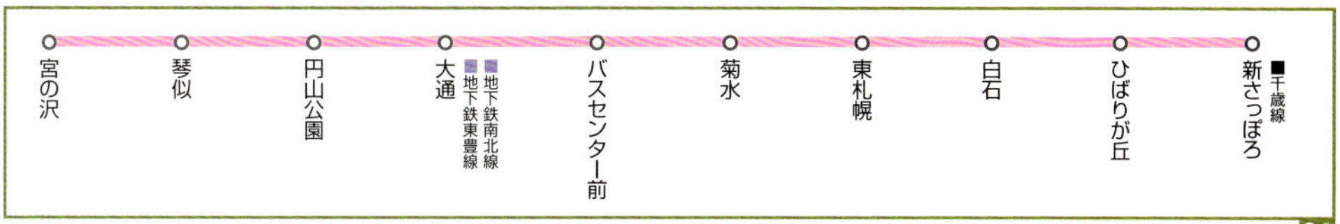
宮の沢
琴似
円山公園
大通
■地下鉄南北線
■地下鉄東豊線
バスセンター前
菊水
東札幌
白石
ひばりが丘
新さっぽろ
■千歳線

26

◆札幌市交通局［さっぽろしこうつうきょく］

札幌市営地下鉄東豊線

［さっぽろしえいちかてつ　とうほうせん］

区間・距離●栄町～福住 13.6km
運行方式●中央案内軌条／ゴムタイヤ
電気方式●直流1500V
全通●1994年

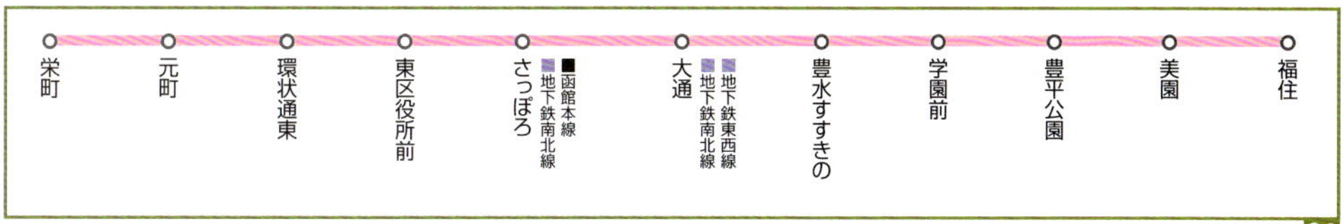
栄町
元町
環状通東
東区役所前
さっぽろ
■函館本線
■地下鉄南北線
大通
■地下鉄東西線
■地下鉄南北線
豊水すすきの
学園前
豊平公園
美園
福住

26

◆路線別索引

路線名	区間（距離）	軌間	電気方式	全通	索引
◆札幌市交通局［さっぽろしこうつうきょく］ **札幌市電一条線** ［さっぽろしでん　いちじょうせん］※1	西4丁目～西15丁目 1.4km	1067mm	直流600V	1918年	西4丁目～西15丁目 26
◆札幌市交通局［さっぽろしこうつうきょく］ **札幌市電山鼻西線** ［さっぽろしでん　やまはなにしせん］※1	西15丁目～中央図書館前 3.1km	1067mm	直流600V	1931年	西15丁目～中央図書館前 26
◆札幌市交通局［さっぽろしこうつうきょく］ **札幌市電山鼻線** ［さっぽろしでん　やまはなせん］※1	中央図書館前～すすきの 3.9km	1067mm	直流600V	1931年	中央図書館前～すすきの 26
◆函館市交通局［はこだてしこうつうきょく］ **函館市電本線** ［はこだてしでん　ほんせん］※1	函館どつく前～函館駅前 2.8km	1372mm	直流600V	1913年	函館どつく前～函館駅前 27
◆函館市交通局［はこだてしこうつうきょく］ **函館市電大森線** ［はこだてしでん　おおもりせん］※1	函館駅前～松風町 0.5km	1372mm	直流600V	1913年	函館駅前～松風町 27
◆函館市交通局［はこだてしこうつうきょく］ **函館市電湯の川線** ［はこだてしでん　ゆのかわせん］※1	松風町～湯の川 6.0km	1372mm	直流600V	1913年	松風町～湯の川 27
◆函館市交通局［はこだてしこうつうきょく］ **函館市電宝来谷頭線** ［はこだてしでん　ほうらいやがしらせん］※1	十字街～谷地頭 1.4km	1372mm	直流600V	1913年	十字街～谷地頭 27

※1 路面電車

道路

◆高速道路・有料道路　　※サービスエリア・パーキングエリアの形状は縮尺によって異なります

インターチェンジ
サービスエリア・パーキングエリア
都市高速番号
札幌北
有珠山SA
2車線
4車線
多車線
トンネル
計画

◆一般道路

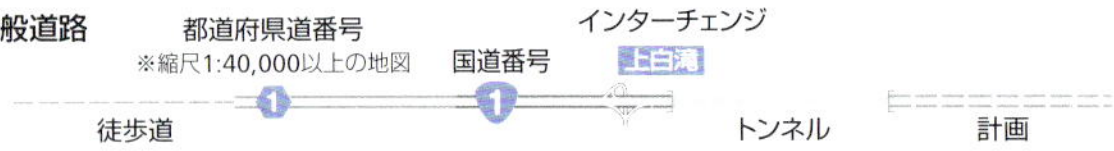
都道府県道番号
※縮尺1:40,000以上の地図
国道番号
インターチェンジ
上白滝
徒歩道
トンネル
計画

その他の地図記号

都道府県庁	滝	デパート
市役所	道の駅	NTT
区役所・役場	えびの高原　著名観光地	工場
神社	官公署	工業団地
寺院	警察署	発電所
温泉	普通郵便局	変電所
日帰り入浴施設	消防署	墓地
海水浴場	学校	教会
名水	病院	スキー場
桜の名所	ホテル	ゴルフ場
花の名所	銀行	空港
紅葉・新緑の名所		

※一部の記号は縮尺1:40,000以上の地図のみに掲載

境界線

北海道地方界　　市区町村界　　町・大字界

※縮尺1:40,000以上の地図

日本の百選

官公庁が主体となって選定したものから、個人が独自の観点で選定したものまで、16の百選を紹介。中には鉄道に関連する選定物もあります。

名水百選　**名水百選**　全国の清澄な水について、その再発見に努め国民に紹介し、国民の水質保全への認識を深めるために1985年に環境庁(当時)が選定。

平成名水百選　**平成の名水百選**　水環境保全の推進をより一層図ることを目的として、2008年に環境省が選定。地域住民による持続的な保全活動が評価されたものが多い。

百名山　**日本百名山**　登山家／文筆家・深田久弥の著書『日本百名山』に掲載された山。選定基準は山の「品格」「歴史」「個性」の3つ。

渚百選　**日本の渚・百選**　1996年「海の日」が国民の祝日になったことから、海の恵みに感謝し、海を大切にする心を育むことを目的として優れた「渚」を選定。

道100選　**日本の道100選**　1986年に道の日(8月10日)の制定を記念して、日本の特色ある優れた道路を、建設省(当時)と「道の日」実行委員会で選定。

滝百選　**日本の滝百選**　世界に類を見ない滝の宝庫である日本。自然との共生や環境保全を目的として、全国から公募した中から選定された、日本を代表する滝。

100名城　**日本の100名城**　2006年全国各地の名城探訪の手がかりとして選定。文化財や歴史上の重要性、復元の正確性、観光地としての知名度などが基準。

都市公園100選　**日本の都市公園100選**　身近にある緑地公園に対する愛護意識を喚起し、公園整備の推進を図ることが目的。地域の人々が親しみ、誇りとしている公園の中から選定。

さくら100選　**日本のさくらの名所100選**　1990年に日本さくらの会が、日本を代表する特色ある優れたさくらの名所100箇所を選定。名所の保存、育成に努める。

棚田百選　**日本の棚田百選**　1997年に農林水産省が、全国の棚田から134の地区を選定。田植え体験やオーナー制度を実施するなど保全活動に努めている。

漁村百選　**未来に残したい漁業漁村の歴史文化財産百選**　2006年に水産庁が、漁村に残る歴史的・文化的に価値の高い施設や工法、伝統行事、食文化、景観などさまざまな角度から選定。

灯台50選　**日本の灯台50選**　1998年に一般から募集し、明治初期に建設された灯台、参観できる灯台、地元に昔から親しまれている灯台などが選ばれた。

峠100選　**日本の峠100選**　全国の峠の中から、歴史上・現在の重要度、標高、標高差、展望の優劣やトンネル存否などを判断基準として、昭文社が選定。

伝建地区　**重要伝統的建造物群保存地区**　城下町、宿場町、門前町など歴史的な集落、町並みを伝統的建造物群保存地区として市町村が保存。その中から価値の高いものを国が選定。

音100選　**日本の音風景100選**　人々が地域のシンボルとして大切にし、将来に残していきたいと願っている音の聞こえる「音環境」を公募した中から選定。

かおり100選　**日本のかおり風景100選**　豊かなかおりとその源になる自然や文化・生活を一体として将来に残し、伝えていくため、「かおり風景」を募集し、特に優れたものを認定。

※特定の場所に限定されない物件や、広範囲で指定されている物件はおおよその位置で示しています。また、一部の名称には、市町村合併前の旧行政名で表記しているものがあります。

Railway mapple 北海道
レールウェイ マップル
鉄道地図帳

2010年　1版1刷発行
ISBN978-4-398-65301-7

発行人●黒田茂夫
発行所●昭文社
[本社] 〒102-8238 東京都千代田区麹町3-1
TEL 03-3556-8111(代表)
[支社] 〒532-0011 大阪市淀川区西中島6-11-23
TEL 06-6303-5721(代表)
ホームページ http://www.mapple.co.jp/

監修●梅原 淳
編集・制作●ニノランド
編集●篠原史臣／鳳梨舎［杉本聖一、高田尚人、米谷 実］
マップリサーチ●大垣善昭／大野雅人／結解 学／坂本達也／史絵.
篠原史臣／多川享子／武田 毅／種村和人
ニノランド［宮北優子、竹内春子、新藤明美、青木 彬］
鳳梨舎［杉本聖一、高田尚人、米谷実］／村上佳義
特集取材・文●池口英司／杉浦 誠／関田祐市／種村和人
平賀尉哲／吉永直子
校正●オフィス プラネイロ／東京出版サービスセンター／ジェオ／田川英信
写真撮影・提供●伊丹 恒／市川 潔／小原信好／佐藤正樹
杉浦 誠／杉本聖一／関田祐市／種村和人／毎日新聞社／吉永直子
米谷 実／RGG
本文デザイン●スタジオ・ポット［小久保由美、和田悠里、山田信也］
DTP制作●スタジオ・ポット／明昌堂
地図制作協力●ウィリング／エムズワークス／周地社
企画・編集・制作●昭文社 地図編集部

主な参考文献・参考資料・参考ホームページ●国鉄監修時刻表 各号(日本交通公社)／JTB時刻表 各号(JTBパブリッシング)／JNR編集時刻表 1987年4月号(弘済出版社)／JR時刻表 各号(弘済出版社、交通新聞社)／貨物時刻表(鉄道貨物協会)／道内時刻表 各号(弘済出版社、交通新聞社)／東急電鉄時刻表(東京急行電鉄)／週刊鉄道データファイル 各号(ディアゴスティーニ・ジャパン)／鉄道ファン 各号(交友社)／鉄道ジャーナル 各号(鉄道ジャーナル社、成美堂出版)／鉄道ピクトリアル(電気車研究会・鉄道図書刊行会)／国土交通省鉄道局監修 平成二十一年度 鉄道要覧(電気車研究会・鉄道図書刊行会)／日本国有鉄道旅客局 日本国有鉄道停車場一覧(日本交通公社)／私鉄全線全駅(交通新聞社)／全線全駅鉄道の旅 各巻(小学館)／日本鉄道名所 勾配・曲線の旅 各巻(小学館)／日本の駅舎(JTBパブリッシング)／鉄道廃線跡を歩く 各巻(JTBパブリッシング)／鉄道未成線を歩く 各巻(JTBパブリッシング)／停車場変遷大辞典 国鉄・JR編(JTBパブリッシング)／日本鉄道旅行地図帳 各巻(新潮社)
東京幹線工事局編 東海道新幹線工事誌(東京第二工事局)／静岡幹線工事局編 東海道新幹線工事誌(東京第二工事局)／日本国有鉄道・名古屋幹線工事局共編 東海道新幹線工事誌名幹工篇(岐阜工事局)／日本国有鉄道大阪第二工事局編 東海道新幹線工事誌(日本国有鉄道大阪電気工事局)／日本国有鉄道大阪第二工事局編 山陽新幹線新大阪・岡山間電気工事誌(日本国有鉄道大阪電気工事局)／日本国有鉄道新幹線建設局編 山陽新幹線岡山博多間工事誌(日本国有鉄道新幹線建設局)東北新幹線工事誌 大宮・盛岡間(日本国有鉄道)／東北新幹線工事誌 上野・大宮間(日本国有鉄道)／日本鉄道建設公団盛岡支社編 東北新幹線工事誌 盛岡・八戸間(日本鉄道建設公団盛岡支社)日本鉄道建設公団編 上越新幹線工事誌 大宮・新潟間(日本鉄道建設公団)／日本鉄道建設公団北陸新幹線建設局編 北陸新幹線工事誌 高崎・長野間(日本鉄道建設公団北陸新幹線建設局)／東日本旅客鉄道株式会社東京工事事務所編 北陸新幹線工事誌 東京乗入れ工事(東日本旅客鉄道東京工事事務所)／鉄道建設・運輸施設整備支援機構鉄道建設本部九州新幹線建設局編 九州新幹線工事誌 新八代・西鹿児島間(鉄道建設・運輸施設整備支援機構鉄道建設本部九州新幹線建設局)
国土交通省ホームページ／経済産業省ホームページ／文化庁ホームページ／各都道府県ホームページ／各市町村ホームページ／JRグループ各社ホームページ／各鉄道事業会社ホームページ／各バス事業会社・事業所ホームページ／各市町村観光協会ホームページ／各駅ビル運営会社ホームページ／各博物館・記念館ホームページ／各鉄道保存会ホームページ

●この地図の作成に当たっては、国土地理院長の承認を得て、同院発行の2万5千分の1地形図 5万分の1地形図 20万分の1地勢図 50万分の1地方図、100万分の1日本を使用した。(承認番号 平21業使、第35-653017号 平21業使、第36-653017号 平21業使、第37-653017号 平21業使、第38-653017号)●この地図のシェーディング作成に当たっては、「地形モデル作成方法」(特許第2623449号)を使用しました。●本書に掲載の経緯度表示は世界測地系を採用しております。●方位記号のない図は、すべて上方を真北としています。●本書に掲載されている鉄道情報は、2009年8月～11月までに調査・取材をした内容をもとに編集、その他の地図情報については2010年1月までに収集した情報に基づいて編集しております。変更されている場合がありますのでご了承ください。また、市町村合併その他の情報に関しましては、2010年3月末までに実施されるものを予め反映しております。予定が変更になる可能性もあることをご了承ください。●いかなる形式においても著作権者に無断でこの地図の全部、または一部を複製し使用することを固く禁じます

©Shobunsha Publications,Inc. 2010.4
※定価は表紙に表示してあります　※落丁・乱丁がありましたら当社あてにお送りください。代替品と送料をお送りいたします